Mahlmann · Führungsstile flexibel anwenden

W0344053

Widmung

Für mein fünfblättriges Kleeblatt:

der energischen »Florence Nightingale«,
dem resoluten»Gestiefelten Kater«,
dem ambitiösen »Sisiphus«,
dem pragmatisch werdenden »Sherlock Holmes«,
dem »zuverlässigen Münchhausen«.

Regina Mahlmann

Führungsstile flexibel anwenden

Mitarbeiterorientiert, situativ und authentisch führen

Beltz Verlag · Weinheim und Basel

Dr. *Regine Mahlmann*, Jg. 1959, M.A. phil., Dipl.-Soz., lebt in München und arbeitet als selbstständige Unternehmensberaterin, Coach und Trainerin in Deutschland und in der Schweiz.

Alle Rechte, insbesondere das Recht der Vervielfältigung und Verbreitung sowie der Übersetzung, vorbehalten. Kein Teil des Werkes darf in irgendeiner Form (durch Fotokopie, Mikrofilm oder ein anderes Verfahren) ohne schriftliche Genehmigung des Verlages reproduziert oder unter Verwendung elektronischer Systeme verarbeitet, vervielfältigt oder verbreitet werden.

Lektorat: Ingeborg Sachsenmeier

© 2002 Beltz Verlag · Weinheim und Basel
www.beltz.de
Herstellung: Klaus Kaltenberg
Satz: Mediapartner Satz und Repro GmbH, Hemsbach
Druck: Druckhaus Beltz, Hemsbach
Umschlaggestaltung: glas ag, Seeheim-Jugenheim
Umschlagabbildung: zefa visual media gmbh, Düsseldorf
Printed in Germany

ISBN 3-407-36102-5

Inhaltsverzeichnis

Einleitung ... 7
Ein episodischer Blick auf das Thema ... 7
An wen sich dieses Buch wendet ... 8
Was Ihnen dieses Buch bietet ... 9
Wie dieses Buch aufgebaut ist ... 10
Danksagung ... 12

Kapitel 1
Das autoritäre Führen – Der erste Klassiker ... 13
Umfeld und Bedeutung ... 13
Anforderungen und Erfolgsfaktoren ... 16
Selbstbild einer autoritären Führungskraft ... 18
Auswirkungen autoritären Führens auf die Mitarbeiter ... 19
Wenn Sie sich entschließen, autoritär zu führen 23

Kapitel 2
Das kooperative Führen – Der zweite Klassiker ... 24
Umfeld und Bedeutung ... 24
Das neue Mitarbeiterbild und die Folgen ... 32
Anforderungen und Erfolgsfaktoren ... 36
Selbstbild einer kooperativen Führungskraft ... 39
Auswirkungen kooperativen Führens auf die Mitarbeiter ... 40
Wenn Sie sich entschließen, kooperativ zu führen 41

Kapitel 3
Das situative Führen – Der dritte Klassiker ... 43
Umfeld und Bedeutung ... 43
Anforderungen und Erfolgsfaktoren ... 46

Selbstbild einer situativ führenden Führungskraft 50
Auswirkungen situativen Führens auf Mitarbeiter 51
Wenn Sie sich entschließen, situativ zu führen 53

Kapitel 4
Das Laisser-faire-Führen – Der vierte Klassiker 55
Umfeld und Bedeutung 55
Anforderungen und Erfolgsfaktoren 60
Selbstbild einer Laisser-faire-führenden Führungskraft 75
Auswirkungen Laisser-faire-Führens auf die Mitarbeiter 77
Wenn Sie sich entschließen, Laisser-faire zu führen 80

Kapitel 5
Das systemische Führen 84
Umfeld und Bedeutung 84
Anforderungen und Erfolgsfaktoren 87
Selbstbild einer systemisch führenden Führungskraft 95
Auswirkungen systemischen Führens auf die Mitarbeiter ... 99
Wenn Sie sich entschließen, systemisch zu führen 105

Kapitel 6
Das symbolische Führen 110
Vorbemerkung 110
Symbolisches Führen und Unternehmenskultur 110
Kennzeichen und Bedeutung symbolischen Führens 117
Konkrete Maßnahmen symbolischen Führens 131
Wenn Sie sich entschließen, bewusst symbolisch zu führen 141
Die Führungskraft als Chamäleon? 144

Literaturverzeichnis 148
Bildnachweis 149

Einleitung

Ein episodischer Blick auf das Thema

Zwei Kolleginnen und zwei Kollegen sitzen in der Kantine. Das Gespräch dreht sich um den gemeinsamen Chef.

Martin: »Ich finde es einfach ungerecht, wie er mit uns umgeht! Ich, zum Beispiel, muss jede Woche einmal mit ihm zusammensitzen, um meine Forschritte im Projekt mit ihm zu besprechen – während du, Stefanie, nur alle paar Wochen mal Bericht erstatten musst!«

Stefanie: »Na hör mal, ich bin ja auch länger dabei als du!«

Martin: »Trotzdem! Ich finde, das ist nicht okay, weil ...«

Kilian: »Mal abgesehen davon, dass Erfahrung und Kompetenz natürlich etwas ausmachen. Ich finde es schwierig, vorherzusagen, wann er eingreift, wann nicht und warum.«

Marion: »Also, das finde ich nun wieder überhaupt nicht. Jedenfalls kann ich das bei mir gut voraussehen. Habt ihr denn den Eindruck ... «

Kilian: »Ich kann ihn auch nicht wirklich fassen, mich nicht richtig auf ihn einstellen. Mal steht er andauernd bei mir auf der Matte und mal wieder ...«

Martin: »Genau – und kontrolliert dann wie wild!«

Kilian: »Dann mal wieder greift er eine ganze Weile nicht ein. Echt komisch.«

Stefanie: »Moment mal. Meint ihr, dass er jeden von uns anders führt oder dass er hin und her springt wie ein Flummi?«

Martin: »Ist doch egal. Ich habe jedenfalls den Eindruck, dass er uns nicht alle gleich behandelt.«

Tja, liebe Leserin, lieber Leser: Wir sind bereits mitten im Thema. In diesem Dialog finden Sie unterschiedliche Annahmen und Wünsche, Urteile und Forderungen, mit denen die vier Personen an ihren Chef herantreten. Eines steht fest: Der Chef variiert in seinem Führungsverhalten. Die Frage ist, ob er das bewusst und zielgerichtet tut oder nicht.

An wen sich dieses Buch wendet

Sie sind bereits eine junge Führungskraft oder zählen zu den so genannten High Potentials, die in absehbarer Zeit eine leitende (führende) Funktion übernehmen. Oder Sie rechnen sich zu jenen, die einen knappen Überblick über die »gängigen« Führungsstile erhalten möchten.

Die Ausführungen in diesem Buch sind besonders für drei Gruppen interessant: für junge Führungskräfte, für Nachwuchsführungskräfte sowie für diejenigen, die einen Überblick über Führungsstile erhalten möchten.

Vielleicht sieht Ihre Situation etwa so aus: Sie haben in Ihrer bisherigen beruflichen Laufbahn Erfahrungen mit unterschiedlichem Führungsverhalten gemacht. Sie waren oder sind mit dem einen Verhalten glücklicher als mit einem anderen. Es irritiert Sie, dass in einem Unternehmen völlig verschiedene, gar konträre Führungsstile praktiziert werden können – und das, obwohl in dem Unternehmen eine bestimmte Art des Führens propagiert wird. Ein Blick in die Führungs-Ratgeber konfrontiert Sie mit einer verwirrenden Heterogenität von Führungsmodellen. Fortwährend stolpern Sie über nur schwerlich vereinbare Anforderungen an eine »gute Führungskraft«. Und irgendwann erwachte in Ihnen das Bedürfnis zu verstehen, was mit den einzelnen »Schlagwörtern« praktisch gemeint ist.

Was Ihnen das Buch bietet

Das Buch soll Ihrem Bedürfnis nach Verständnis und Orientierung dienen. Deshalb konzentriert es sich auf einige einschneidende Veränderungen in der Betrachtung und Praxis von Führung. Unser Weg führt uns von der Eigenschaftstheorie der Führung über die interaktionale bis hin zur systemischen Betrachtungsweise von Führung. In diesem Rundgang dominiert Pragmatismus, nicht Verliebtheit in interessante Aspekte der Theorie. In diesem Sinne fokussiert der Rundblick jene Komponenten der Führungsmodelle, die einen neuen Aspekt beleuchten und für Sie im Alltag wichtig sind.

Das Buch bietet Ihnen:

- einen Überblick über die in praxi am häufigsten zitierten Führungsstile,
- einen Einblick in ausgewählte Modelle, das heißt:
  - in welchem Umfeld sie entstanden,
  - was sie bedeuten,
  - welche Anforderungen und Erfolgsfaktoren gelten,
  - welche Auswirkungen auf Mitarbeitende wahrscheinlich sind,
  - wann welcher Stil hilfreich und sinnvoll ist.

Die Absicht der Ausführungen liegt also darin, Ihnen einen praktischen Nutzen zu bieten. Deshalb werden die Erläuterungen um

- Übungen,
- Exkurse und
- Tipps ergänzt.

Und schließlich werden wir uns auch der Frage widmen, wie Sie glaubwürdig und authentisch wirken können – selbst wenn Sie in Ihrem praktischen Führungshandeln zwischen einzelnen Führungsstilen wechseln.

Wie das Buch aufgebaut ist

Wir folgen der historischen Entwicklung: sowohl der Führungsdiskurse als auch der Führungspraxis. Vereinfacht gesprochen, leitet sie uns vom Bild des Kapitäns über das des Gärtners zu dem des Steuermanns (im Sinne der Kybernetik: kybernan = steuern).

Beim Kapitän ist zentral, dass nur er weiß, wohin die Reise geht. Er diktiert, was der Mitarbeiter auf welche Weise zu tun hat, um das Ziel zu erreichen. Er hat den Über- und den Weitblick und verfügt über alle nötigen Kompetenzen. Der Gärtner zeichnet sich dadurch aus, dass er seine Mitarbeitenden über das Reiseziel und dessen Zusammenhang informiert. Er stimmt mit ihnen ab, wie das Team dorthin gelangt. Er fördert seine Mitarbeitenden und verhilft ihnen zu Wachstum, zur Ausbildung ihrer Fähigkeiten und Fertigkeiten.

Die Führungspraxis spiegelt sich in den Bildern Kapitän, Gärtner und Steuermann

Kapitän und Gärtner ist gemeinsam, dass sie alle bedeutsamen Informationen haben. Sie verfügen über die meisten Angaben, kennen den Zielhorizont, die Ziele und die Wege, die dorthin führen. Die Beziehung zu den Geführten ist in struktureller Hinsicht asymmetrisch. Gemeinsam ist ihnen ferner, dass beide Führungstypen gleichsam »von außen« führen.

Sie haben Distanz zum Führungsprozess, betrachten die Situation als Außenstehende, sind nicht integriert. Ihre Interventionen unterliegen der Idee, dass sie Einfluss erzeugen, aber nicht (von Mitarbeitenden) beeinflusst werden. Sie führen aus der Meta-Position.

Der Hauptunterschied zwischen Kapitän und Gärtner liegt in der Einstellung zu den Mitarbeitenden und im Modus des Führens. Der Kapitän betrachtet seine Mitarbeiter als ausführende Organe seiner Anweisungen. Er führt autoritär, direktiv oder diktatorisch (Kapitel 1). Der Gärtner begreift seine Mitarbeitenden als kooperationswillige Personen, die bestrebt sind, ihre Aufgaben möglichst in Eigenregie auszuführen. Er führt dialogisch, partnerschaftlich oder kooperativ. Er verfügt über einen breiten Spielraum in seinem Füh-

rungshandeln und stellt sich auf die jeweils spezifische Situation der Mitarbeitenden ein (Kapitel 2 bis 4).
Die systemische Sichtweise von Führung revolutioniert das bisherige Führungsverständnis. Die Führungskraft wird zum Steuermann oder Lenker von Entwicklungen, an denen sie selbst Teil hat. Sie wird Teil der gesamten Führungssituation. Anders gesagt: Sie wird zur Komponente im System oder zum Systemelement. Als solches unterliegt sie den gleichen Gesetzmäßigkeiten wie alle anderen Akteure, einschließlich der Mitarbeitenden. Der Prozess des Führens verwandelt sich in ein zirkuläres Geschehen voller Wechselwirkungen. Das heißt: Die Situation von Führen und Geführt-Werden wird als komplexe Vernetzung von Korrelationen entworfen. Die Beziehung zwischen Führungskraft und Mitarbeitenden wird »demokratisiert«. Alle Akteure sind maßgeblich daran beteiligt, Zielhorizonte, Ziele und Meilensteine sowie zielbezogene Aktivitäten zu definieren und sich permanent abzustimmen. Der Steuermann konzentriert seine Interventionen nicht auf Personen und deren Taten, sondern auf Bewegungen, auf Entwicklungsverläufe und Beziehungen zwischen diesen. Er führt indirekt (Kapitel 5 und 6).

Die Führungskraft beeinflusst und wird beeinflusst, sie agiert und reagiert

Schon hier sei betont: Die Führungskonzepte lösen einander nicht ab, sondern bereichern die Landschaft der Führungsstile und -praxis. Sie existieren nebeneinander. Das jeweils »neue« Modell genießt besondere Popularität, weil es eine zusätzliche Dimension im Führungsprozess aufdeckt. Die Führungskraft ist aufgerufen, zu entscheiden, welches Führungskonzept ihr Handeln unter welchen Bedingungen leiten sollte. Diesem Gedanken entsprechend erwartet Sie im Buch der folgende Aufbau. Zunächst (Kapitel 1 bis 4) beschäftigen wir uns mit den vier Klassikern:

- das autoritäre/direktive Führen,
- das kooperative Führen,
- das situative Führen sowie

- das Laisser-faire-Führen (in seinem traditionellen und modernen Verständnis). Diese können Sie dem Bild des Kapitäns (Kapitel 1) und des Gärtners (Kapitel 2 bis 4) zuordnen.

Anschließend widmen wir uns dem »modernen« Führungsverständnis, nämlich dem:

- systemischen Führungsverständnis
- symbolischen Führungsverständnis.

Diese beiden Konzepte (Kapitel 5 und 6) beziehen sich auf das Bild vom Steuermann. In der Diskussion werden wir uns von den oben genannten Fragestellungen leiten lassen und immer wieder erläuternde Exkurse einfügen.

Danksagung

Ich danke meiner Lektorin, Ingeborg Sachsenmeier. Ihre charmante und flexible Führung sorgte nicht nur für eine pünktliche Abgabe des Manuskriptes. Wenn der Leser und die Leserin zu dem Urteil gelangen, ein flüssig lesbares und sehr ansprechend gestaltetes Buch in den Händen zu halten – dann ist das ihrem unterstützende Einsatz zu verdanken.

Ich danke den Teilnehmenden meiner Workshops und Seminare sowie meinen Coaching-Klienten, die mich durch ihre Fragen dazu motivierten, dieses Buch zu schreiben. Ihre Fragen dienten mir als Leitfaden.

Kapitel 1
Das autoritäre Führen

Der erste Klassiker

Umfeld und Bedeutung

Mit der Industrialisierung im 19. Jahrhundert entstand das moderne Unternehmertum und mit ihm die »wissenschaftliche Betriebsführung« (scientific management), die auf den Ingenieur L. Taylor zurückgeführt wird. Diese legte besonderen Wert darauf, die »Untergebenen« so einzusetzen, dass sie möglichst effizient arbeiteten. Den Schlüssel dazu sah man in der Spezialisierung, die am Fließband und in der Akkordarbeit geleistet wurde. Da die Arbeit damals vorzugsweise körperliche Arbeit war, nutzte man die Erkenntnisse der physiologischen Psychologie. Im Rahmen des Scientific Managements atomisierte man die Arbeitsverrichtungen in kleinste Bewegungsabläufe. Man stellte Messungen darüber an, in welcher Weise Bewegungsabläufe, etwa Hand- und Armbewegungen, und die Arbeitsorganisation, etwa zu greifende Gegenstände, optimal zu arrangieren waren. Diese Bemühungen (später dem Begriff »Psychotechnik« subsumiert) mündeten in eine extreme Arbeitsteilung, die oben genannte Spezialisierung einzelner Verrichtungen. Die Auswüchse demonstriert die Fließbandarbeit am anschaulichsten. Der Einfluss E. Taylors dominierte die Betriebspsychologie noch bis in die 30er-Jahre des 20. Jahrhunderts.

Die Mitarbeiter sollten hochgradig produktiv sein

Die wirtschaftlichen Entwicklungen sowie Psychotechnik oder Betriebspsychologie und Betriebswirtschaft transportierten ein bestimmtes Bild vom Menschen. Der Mensch wurde als Wesen begriffen, das seine Ziele und Aktivitäten rationalem Kalkül unterwirft und dessen Arbeitsmotivation ausschließlich ökonomischen Anreizen entsprang: Jeder tut, was er tut, weil er sich vorher überlegt und »ausrechnet«, was er davon hat. Dabei wird angenommen, dass der Mensch bestrebt ist, seine Ziele so zu erreichen, dass er möglichst wenig dafür tun muss, also unter mimalem Einsatz größtmöglichen Output erhält. Dieses Menschenbild wird auch »homo oeconomicus« genannt.

Für die Praxis hieß das: Der Unternehmer oder »Chef« stellte den angestrebten Output in den Brennpunkt und war damit ergebnisorientiert. Wie es den »Untergebenen« dabei erging, also der soziale Aspekt der Führung, interessierte damals noch nicht. In diesem Szenario gab es nur einen, der über alles Bescheid wusste und den Gesamtzusammenhang kannte: den Chef. Die »Untergebenen« waren nur auf ihrem winzigen Spezialgebiet (körperlicher) Arbeit kompetent. Außerdem wurde ihnen unterstellt, dass sie im Grunde genommen keine rechte Lust hatten, sich anzustrengen. Folglich musste der Vorgesetzte ihnen genau sagen, was sie wann wie zu tun hatten.

Nur der Chef wusste über alles Bescheid und kannte den Zusammenhang

Diese Form der autoritären oder direktiven Führung nennt man auch eindimensional. Dies insofern, weil, wie bereits erwähnt (s. S. 10 ff. und Kapitel 1), in der Führung in erster Linie das Ergebnis oder die Produktivität zählt. Als »gute Führungskraft« gilt hier jener Chef oder Unternehmer, der seine Untergebenen besonders geschickt zu Höchstleistungen treiben kann. Führungserfolg wurde damals als Funktion der Führungskraft verstanden und damit den persönlichen Eigenschaften des Chefs zugeschrieben.

Im Verlauf der Jahrzehnte versuchte man herauszubekommen, was eine signifikant gute Führungskraft ausmachte. Die empirische Forschung sammelte Daten über erfolgreiche Chefs. Dabei rückte sie den personalen Aspekt der Führungsperson ins Zentrum der Aufmerksamkeit und gelangte auf diesem Weg zu dem, was die »Eigenschaftstheorie der Führung«, die »great man theory« oder die »heroe theory« genannt wird.

Die Führungsperson wird zum »Macher« und zum »best of us«

In der Folge dieses Ansatzes wurde noch bis in die 50er-Jahre des 20. Jahrhunderts nach Eigenschaften gesucht, die einen herausragenden Chef ausmachen. Alles, was man erhielt, war eine schier unendliche Liste von Eigenschaften, die zu allem Überfluss auch einander widersprechende Eigenschaften enthielt. Hinzu kam, dass man bei der Erforschung dieser Eigenschaftstheorie keine zuverlässigen Beziehungen zwischen Eigenschaften und Führungserfolg herstellen konnte. (Trotz der breiten Streuung und Unzuverlässigkeit der Korrelationen starb dieses Denken im praktischen Führungsumfeld nicht aus, wie etwa Stellenausschreibungen oder Kult um Personen wie Jack Welch zeigen.)

INFO

Im klassischen Sinn autoritär zu führen, meint:

- Das Führen konzentriert sich auf den Output, ist also ergebnisorientiert.
- Autoritär Führende degradieren die Mitarbeiter zu Ausführenden von Anweisungen.
- Autoritär führen heißt auch, den »Untergebenen« exakte Anweisungen zu geben: Sie erhalten Informationen, in denen genau dargelegt wird, was sie in welcher Zeit mit welcher Qualität zu tun haben.
- Autoritäres Führen bedeutet, die Arbeitsprozesse und damit die Arbeitenden genau zu kontrollieren.

Anforderungen und Erfolgsfaktoren autoritären Führens

Autoritär führen mag nicht jeder. Autoritär führen kann aber auch nicht jeder. Ein Mensch, der erfolgreich autoritär führen will, ist gut beraten, bestimmte Voraussetzungen zu überdenken und zu realisieren; denn mit der autoritären Führungskraft steht und fällt ja der Erfolg einer Abteilung.

Übung

Notieren Sie Stichworte zu der Frage: Welche Anforderungen stellen Sie an eine Führungskraft, die im erläuterten Sinn autoritär führt und dies so tun kann, dass Sie sie respektieren? Mit anderen Worten: Was muss eine autoritäre Führungskraft bieten, damit sie erfolgreich sein kann?

Die folgenden Stichworte markieren, welchen wesentlichen Anforderungen autoritär Führende gewachsen sein müssen, um erfolgreich sein zu können:

- umfassende Kenntnis des Ziel- und Sach-Umfeldes,
- höchste fachliche/sachliche Kompetenz, Status: Koryphäe,
- genaue Kenntnis des Zielzustandes und Zielkontextes,
- Know-how über die Mittel und Wege, die zum Ziel führen,
- Wissen über mögliche Hindernisse und Möglichkeiten zu ihrer Beseitigung,
- Kenntnis der Stärken und Schwächen der Unterstellten,
- gezielter Einsatz der personellen Ressourcen,
- Realisierung absoluter Kontrolle: Detail-, Prozess- und Ergebniskontrolle sowie Kontrolle der angewandten Methoden und Maßnahmen,
- Mut, Entscheidungen nach eigenem Urteil zu fällen,
- außergewöhnliche Belastbarkeit,
- hochgradiges Engagement,
- Durchsetzungsfähigkeit und Respekt nach allen Seiten (horizontal, vertikal, nach außen),
- extrem präzise Ausdrucksweise.

Als zusätzliche Erfolgsfaktoren, also Gesichtspunkte, die das autoritäre Führen begünstigen, gelten vor allem:

- Mitarbeitende stehen am Beginn ihrer beruflichen Laufbahn oder sind neu in der aktuellen Tätigkeit und Funktion.
- Sie haben geringe Ansprüche an ihre persönliche und berufliche Entwicklung, sind im herkömmlichen Sinn nicht an einer herausfordernden und verantwortungsvollen Tätigkeit interessiert.
- Es liegen besondere Umstände wie Zeitdruck, Gefahr oder Krise vor, die zügige Entscheidungen verlangen.

Sowohl die Anforderungen als auch die zusätzlichen Erfolgsfaktoren machen klar, dass autoritär zu führen außerordentlich anspruchsvoll und »stressig« ist. Dies sowohl in einem psychologischen Sinn als auch hinsichtlich des Führungsaufwandes. Widmen wir uns zunächst dem psychologischen Aspekt unter dem Begriff »Selbstbild«.

Selbstbild einer autoritären Führungskraft

Die autoritäre Führungskraft sieht sich als besten Experten

Eine autoritäre Führungskraft setzt sich ständig selbst unter Druck, weil sie meint, allein entscheiden zu müssen, allein die Verantwortung für Misserfolg und Erfolg zu tragen und daher fachlich-sachlich stets auf dem neuesten Stand sein zu müssen. Den Anspruch, den sie sich selbst auferlegt, können wir etwa so formulieren: »Ich muss der beste unter den Experten sein – und als Macher bin ich verantwortlich für den Erfolg.« Das Bild von sich selbst ist geprägt von der Haltung eines Dschungelkämpfers (Maccoby), der meint, in der feindlichen Welt nur dann überleben zu können, wenn er sich auf sich selbst verlässt. Deshalb ist es im Führungsalltag essenziell, fachlich überlegen zu sein, den Überblick zu haben und andere zu dirigieren. Macht begreift diese Führungskraft als Verfügungsgewalt über andere – um sich selbst und dem Unternehmen zum Erfolg zu verhelfen.

In dieser Welt gibt es nur Verlierer und Gewinner, und da diese Führungskraft zu den Siegern gehören möchte, ist es ihr im Zweifel recht, gefürchtet zu werden. Das Denken, Fühlen und Handeln dreht sich bei diesem Typus des »Dschungelkämpfers« darum, Kontrolle über die Wirklichkeit zu haben: die Gegenwart zu gestalten und damit auch Zukünftiges zu bestimmen. Mit anderen Worten: Eine autoritäre Führungskraft strebt Sicherheit und Voraussagbarkeit an und zwar dadurch, dass sie selbst es ist, die entscheidet; denn sich selbst kennt sie am besten und weiß, was sie leisten kann und will und was nicht.

Sicherheit und Voraussagbarkeit haben oberste Priorität

Hinweis: Um mögliche Missverstände zu vermeiden. Es geht nicht darum, dieses Selbstbild und den autoritären Führungsstil moralisch zu bewerten! Die knappen Ausführungen sollen Ihnen vielmehr ermöglichen, zu begreifen, dass autoritäres Führungshandeln (unter anderem) sowohl von einer ganz bestimmten Welt- und Selbstsicht als auch von einem Grundstreben nach Sicherheit getrieben ist. Insofern haben wir es mit einem psychologischen Sachverhalt zu tun, der uns darüber Auskunft gibt, wodurch autoritäres Führen motiviert ist. Welche Auswirkungen dies für Mitarbeiter hat, schauen wir uns im nächsten Abschnitt an.

Die Auswirkungen autoritären Führens auf die Mitarbeiter

Der Führungsaufwand ist – wie wir gesehen haben (s. S. 17 ff.) sehr hoch. Aber warum und inwiefern? Jedes Führungshandeln ist soziales Handeln. Das heißt: andere sind betroffen. Bevor wir gemeinsam die wesentlichen Auswirkungen autoritären Führens auflisten, möchte ich Sie wieder einladen, selbst zu überlegen, welche Konsequenzen dieser Führungsstil wahrscheinlich auf Mitarbeitende hat.

Übung

Bitte notieren Sie Ihre Antworten auf folgende zwei Fragen: Welche Auswirkungen hat autoritäres Führen auf Mitarbeitende wahrscheinlich? Warum fällt der Führungsaufwand zwangsläufig hoch aus?

Die wesentlichen Auswirkungen können wir wie folgt zusammenfassen:

- Mitarbeitende sind Empfänger klarer Anweisungen, die sie auszuführen haben. Sie geraten in die Rolle von Befehlsempfängern und werden auf die Funktion reduziert, ausführende Organe oder Handlanger der Führungskraft zu sein.
- Mitarbeitende haben das Ganze, den Sinn- und Zielzusammenhang einer Aufgabe kaum im Blick, weil die Führungskraft nur ausschnitthaft kommuniziert. Denn sie hält sich für allein verantwortlich – und daher »brauchen die Mitarbeiter nur ihren Auftrag zu kennen und genügt es, wenn sie häppchenweise informiert werden«.

- Folglich können sich Mitarbeitende kaum fürs Ganze engagieren – und ebenso wenig eigenverantwortlich und selbstständig mit Blick auf den Zielhorizont handeln. Sie tappen im Dunkeln und haben daher Schwierigkeiten, eigene Lagebeurteilungen mit adäquaten Handlungsstrategien zu formulieren.
- Sie haben überdies keinen Handlungs- und Entscheidungsspielraum. Die Führungskraft steht ihnen förmlich im Rücken und sagt ihnen, was sie in welcher Qualität bis wann wie zu tun haben.
- Auf Dauer wird jedwede Eigeninitiative und innere Motivation erstickt. Im gleichen Zuge nimmt die Unselbstständigkeit zu. Es besteht die Gefahr, dass die Mitarbeitenden auf den Dienst nach Vorschrift ausweichen und/oder die Haltung an den Tag legen: »Für mich denkt mein Chef.«
- Das kreative Potenzial der Mitarbeitenden liegt weitgehend brach. Die Führungskraft nutzt es kaum, weil sie allein definiert, wo es lang geht und wie gearbeitet wird. Irgendwann vergessen die Mitarbeiter selbst, dass sie kreativ sein können!
- Wenn überhaupt, werden nur jene Mitarbeitenden gefördert, die die Führungskraft als »Ziehsohn« oder »Ziehtochter« erwählt. Generell agiert die Führungskraft im Alleingang und investiert nicht in die Entwicklung ihrer Mitarbeitenden, in die Entdeckung und Entfaltung deren Fähigkeiten.
- Es wird weniger als Team gearbeitet, sondern die Einzelleistungen der Mitarbeiter fließen bei der Führungskraft zusammen, welche diese bündelt und zu einem Gesamtergebnis schnürt.
- Fällt die Führungskraft aus, entsteht ein Führungsvakuum, und die Mitarbeitenden fühlen sich hilflos.

Allgemein gesprochen: Autoritäres Führen fördert das Lernen von Unselbstständigkeit und Hilflosigkeit, weil es nur eine Person gibt, die den Gesamtkontext kennt, die gesamte Situation überblickt und daher weiß, was welcher Mitarbeiter zu welchem Zeitpunkt oder in welchem Zeitraum aus welchen Gründen und auf welche Weise zu leisten hat.

Exkurs: Kreislauf der Unselbstständigkeit durch Theorie X – oder: Unselbstständigkeit ist lernbar

FK	Einstellung	Ich bin der Kompetenteste. Ich bin der Chef. Ich bin für alles verantwortlich. Nur ich habe den Überblick.
	Handeln	Gibt Anweisungen, was zu tun ist. Sagt, wie es zu tun ist. Informiert häppchenweise. Kontrolliert jeden Schritt.

↓ **Wirkung auf MA** ↓

MA	Empfinden und denken	Ich bin nur Handlanger. Ich werde nicht gefördert. Ich bin überflüssig und entmutigt. Ich brauche mich nicht anstrengen. Der Chef verbessert sowieso alles.
	Handeln	Macht nur, was der Chef sagt. Strengt sich mit der Zeit immer weniger an. Macht Fehler.

↓ **Wirkung auf FK** ↓

FK Ich habe es ja gewusst: ich muss alles kontrollieren. Also kann ich dem Mitarbeiter keine großen Aufgaben geben.

↓ **Wirkung auf MA** ↓

MA Ich werde behandelt wie ein Dummkopf. Also verhalte ich mich auch so.

(→ zurück zu Einstellung der FK)

FK = Führungskraft *MA = Mitarbeiter*

Wenn Sie sich entschließen, autoritär zu führen ...

... dann wissen Sie inzwischen, wozu Sie bereit und fähig sein müssen, um erfolgreich zu sein.

Wahrscheinlich lehnen Sie das autoritäre Führungsmodell ab, etwa, weil Sie die Voraussetzungen nicht erfüllen, oder weil es Ihnen aus ethischen Gründen gegen den Strich geht oder einfach, weil Sie der Auffassung sind, dass so heute nicht mehr geführt werden kann. Aber vielleicht beschleicht Sie gleichzeitig eine Ahnung, dass es manchmal sinnvoll sein könnte und fragen sich, ob es nicht doch Situationen gibt, in denen es nahe liegt, autoritär zu führen.

Manchmal ist es durchaus sinnvoll autoritär zu führen

Und mit dieser Frage weisen Sie auf eine wichtige Unterscheidung hin! Es ist nämlich das eine zu meinen, immer autoritär führen zu wollen, und es ist etwas anderes, situationsspezifisch auf diesen Stil umschwenken zu können. Im ersten Fall legen Sie sich auf einen Führungsstil fest und leben ihn ausnahmslos, sozusagen als Programm. Im zweiten Fall verfügen Sie über Alternativen. Sie haben die Wahl: Sie wägen ab und entscheiden sich dafür oder dagegen. Die »zusätzlichen Erfolgsfaktoren«, die wir oben nannten, skizzieren einige Bedingungen und Situationen, in denen autoritäres Führen durchaus angemessen und zielführend ist.

Daran erkennen Sie, dass autoritäres Handeln gefordert sein kann. Insofern ist es funktional, einige Charakteristika dieses Stils im Repertoire persönlichen Handelns zu haben. Dies empfiehlt sich noch aus einem anderen Grund. Üben Sie eine Führungsfunktion aus, wird von Ihnen zuweilen erwartet, im Zweifel für das Unternehmen, die Abteilung oder andere Bereiche und gegen das Votum von Mitarbeitern und Mitarbeiterinnen zu stimmen. Mit anderen Worten: Ihre Führungsverantwortung verpflichtet Sie dazu, grundsätzlich bereit und fähig zu sein, sich gegebenenfalls über Meinungen von Mitarbeitenden hinwegzusetzen und sich auf diese Art durchzusetzen. Auch für diese rigorose Weise des Führens müssten Sie bereit sein, die damit verknüpfte Verantwortung zu übernehmen.

Kapitel 2
Das kooperative Führen

Der zweite Klassiker

Umfeld und Bedeutung

Zum Modell des kooperativen Führens leiten uns Entwicklungen im Zeitraum vom Ende der 30er-Jahre bis in die 60er-Jahre des 20. Jahrhunderts. Wir lassen – in gebotener Kürze – diese Entwicklungen Revue passieren, weil sie zeigen, aus welchen Gründen eine neue Perspektive in theoretische Betrachtungen, empirische Forschung und praktische Führung eingeführt wurde.

Die Effektivität sollte unbedingt gesteigert werden

Wie im ersten Kapitel erwähnt, währt der Einfluss des Taylorismus bis in die 30er-Jahre. Die Abwendung von der eindimensionalen Sicht auf Produktivität und Führung(serfolg) geschah durch einen »Unfall«. E. Mayo leitete in den 30er-Jahren eine Untersuchung in der Western Electric Company in Hawthorne, den Hawthorne Werken. Die Absicht dieser Felduntersuchung stand noch ganz unter dem Zeichen der Taylorschen Perspektive: Man wollte herausfinden, wo sich Effektivierungsreserven in der Tätigkeit der Arbeiter versteckt. Um also offen zu legen, wie die Produktivität zu steigern wäre, veränderte man die Rahmenbedingungen der Arbeiter. Nach jeder Intervention, die eine Verbesserung darstellte, maß man die Leistung. Beispielsweise variierte man die Lichtverhältnisse in den Helligkeitsgraden von dunkel zu hell. Jeder Veränderung folgte die Leistungsmessung. Wie erwartet, erhöhte sich die Leistung. Dann geschah der »Unfall«: Anstatt den Helligkeitsgrad zu erhöhen, wurde es dunkler. Die Messung ergab: Leistungssteigerung. Darauf systematisierten die Forscher das Missgeschick und nahmen sukzessive Verbesserungen zurück. Jedes Mal maßen sie eine Leistungssteigerung. Die Schlussfolgerung lautete: Man muss sich nicht nur um Arbeitsbedingungen kümmern, sondern auch um die Menschen. Diese müssen das Gefühl haben, dass man sich auch um sie sorgt und sie beachtet. Dies war die Geburtsstunde der »Human-Relations-Bewegung«. Der soziale Faktor war entdeckt und damit eine neue Dimension in der Führung (und der Zusammenarbeit): die Mitarbeiter-Orientierung. Im Zuge dieser Entwicklung mutierte der »Untergebene« zum »Mitarbeiter«.

Der »Untergebene« wird zum »Mitarbeiter«

Mayos Arbeiten setzten im ersten Schritt eine Forschung in Gang, die das Thema Arbeitsmotivation oder Mitarbeitermotivation fokussierte. Die Schlüsselfragen waren:

- »Warum arbeiten wir?«,
- »Was treibt uns dazu an, uns anzustrengen?« und
- »Unter welchen Bedingungen engagieren wir uns besonders?«

Mayos Überlegungen flossen in zahlreiche Studien zu Fragen der Motivation am Arbeitsplatz und in Praktiken motivierenden Führens ein. Beispielsweise entwickelte der bereits erwähnte Maccoby ein Konzept des Motivierens anhand von »Sozialcharakteren«. Jeder Sozialcharakter präsentiert einen Typus von Führungskraft, und jedem Typus entsprechen definierbare Relevanzstrukturen: Die Typologie orientiert sich an der Frage: »Was ist für welchen Typus besonders wichtig, um motiviert zu arbeiten?« Zwar lieferte die Typologie durchaus hilfreiche Ansatzpunkte für die Führungspraxis, durchsetzen konnte sie sich jedoch nicht. Breitenwirkung erzielten nur zwei Entwürfe. Es waren die Ansätze von Maslow und Herzberg, die die populärsten Antworten lieferten: Maslow mit seiner Bedürfnispyramide und Herzberg mit seiner Zwei-Faktoren-Theorie, der Differenzierung von Hygienefaktoren oder Satisfaktoren auf der einen und den Motivatoren auf der anderen Seite. (Beide Ansätze sind noch heute aktuell.)

Exkurs: Logik der Motivation nach Maslow – die Bedürfnispyramide

Erläuterung: Maslow ging davon aus, dass die Bedürfnisse des Menschen hierarchisch geordnet sind. Er nahm an, dass die jeweils nächsthöhere Bedürfnisebene erst dann aktiviert wird, wenn die »niederen« oder grundlegenden Bedürfnisse weitgehend befriedigt sind. Gleichzeitig ließ er aber Freiräume zu.

Die Pyramide fungiert als Denkmodell, das Führungskräften bei der Frage helfen kann, auf welche Weise und mit welchen Schwerpunkten Mitarbeitende individuell am ehesten motiviert werden können.

Mit anderen Worten: Die Pyramide hilft, gezielt Fragen zu stellen und die Strategie, ein motivierendes Umfeld zu schaffen, auf die besonderen Wünsche beziehungsweise Motive (Beweggründe) des Einzelnen abzustellen. Dies kann in einem Dreierschritt erfolgen. Erstens: Führungskräfte können sich mit Hilfe der Pyramide bewusst machen, welche Bedürfnisse überhaupt eine

Rolle im motivationalen Umfeld des einzelnen Mitarbeiters spielen können. Zweitens: Führungskräfte reden mit den Mitarbeitenden darüber, auf was diese besonderen Wert legen, wo ihre Präferenzen liegen. Drittens: Führungskräfte berücksichtigen die spezifischen Bedürfnisse des Mitarbeiters in der Gestaltung von Aufgaben und Verantwortung sowie Rahmenbedingungen (Arbeitsumfeld) und Gehalt.

Exkurs: Die Zwei-Faktoren-Theorie von Herzberg

Herzberg unterschied in seiner (empirisch begründeten) Motivationstheorie zwei Faktoren: die Hygienefaktoren (auch Dissatisfaktoren oder Satisfaktoren genannt) und die Motivatoren. Die beiden Faktoren haben unterschiedliche Wirkungen. Die Hygienefaktoren motivieren zwar nicht, das heißt, sie spornen nicht an. Aber: Sie machen zufrieden (oder eben nicht). Und sie haben unter einer Bedingung Macht: Wenn es sich um Satisfaktoren handelt, die zufrieden machen, kann deren Wegfall zu dramatischer Demotivation führen.

Ein Beispiel aus meiner Beratungstätigkeit: Ein Unternehmen gab bekannt, dass es im Zuge der Sparmaßnahmen die Kaffeesorte von einer Premium-Marke auf ein No-name-Produkt umstellen wollte. Die Geschäftsleitung wechselte die Kaffeesorte und verursachte damit einen ungeheuren Aufruhr! – Lächerlich, werden Sie kommentieren. Nun, fragen wir lieber: Wie kann es dazu kommen, dass ein solcher Hygienefaktor solch massive Wirkung (Demotivation) auslöst? Die Antwort: weil die Mitarbeitenden die Kaffeesorte symbolisch betrachteten. Für sie bedeutete die Premium-Marke: »Wir sind der Geschäftsleitung guten Kaffee wert.« Die Umstellung auf das No-name-Produkt wurde folglich ebenfalls auf der symbolischen Ebene interpretiert: »Wir sind der Geschäftsleitung nicht einmal mehr einen guten Kaffee wert!« – Na, und wer sich nicht wertvoll behandelt fühlt, der hat, salopp gesagt, auch wenig Lust, sich anzustrengen!

Insofern können kleine Veränderungen in den Hygienefaktoren große Wirkungen entfachen und demotivierend wirken. Führungskräfte sollten sich daher sehr gut überlegen, an welchen Hygienefaktoren sie »drehen« wollen. Sie sollten sich fragen: Warum will ich daran etwas ändern? Welche symbolische Wirkung geht von dem Hygienefaktor aus? Welche Wirkungen will ich erreichen (mit Hilfe welcher Symbole)? An welchen Hygienefaktoren muss ich dann ansetzen? Oder: Welche Alternativen kann ich nutzen? Zu den Hygienefaktoren zählen vor allem: Infrastruktur (Architektur des Hauses, Mobiliar, Büroausstattung, Arbeitsumfeld und dergleichen) und Unternehmenspolitik sowie Public Relations.

Hygienefaktoren entfalten ihre Macht sichtbar dann, wenn sie verändert werden

Die Motivatoren sind jene Faktoren, die zu Höchstleistungen anspornen, also motivieren. Zu ihnen gehören heute: zwischenmenschliche Beziehungen, soziales Umfeld am Arbeitsplatz, die Inhalte der Aufgabe, Verantwortungsbereich und Befugnisse, Anerkennung. Auch hier sind Führungskräfte gefordert, die Mitarbeitenden individuell zu betrachten und durch Beobachtung und Gespräche herauszubekommen, wo die Präferenzen jeweils liegen. Diese Informationen können sie dazu nutzen, das motivationale Umfeld mitarbeiterspezifisch zu gestalten, einschließlich der Frage, wie ein Mitarbeiter geführt werden möchte.

Exkurs: Das Verhaltensgitter von Blake und Mouton

In einem zweiten Schritt sorgten die Untersuchungen und Diskussionen dafür, dass die Ergebnisse in die Führungsforschung übersetzt wurden. Überlegungen in diesem Umkreis der Frage, was »gutes« und »effektives« Führen heißt, rückten in den 60er-Jahren zunächst Blake und Mouton ins Rampenlicht. Sie entwickelten anhand der zwei Dimensionen von Führung, nämlich »Aufgaben-Orientierung« und »Mitarbeiter-Orientierung«, das »Verhaltensgitter« bzw. »Managerial Grid«. Das Gitter zeigt die zwei Dimensionen

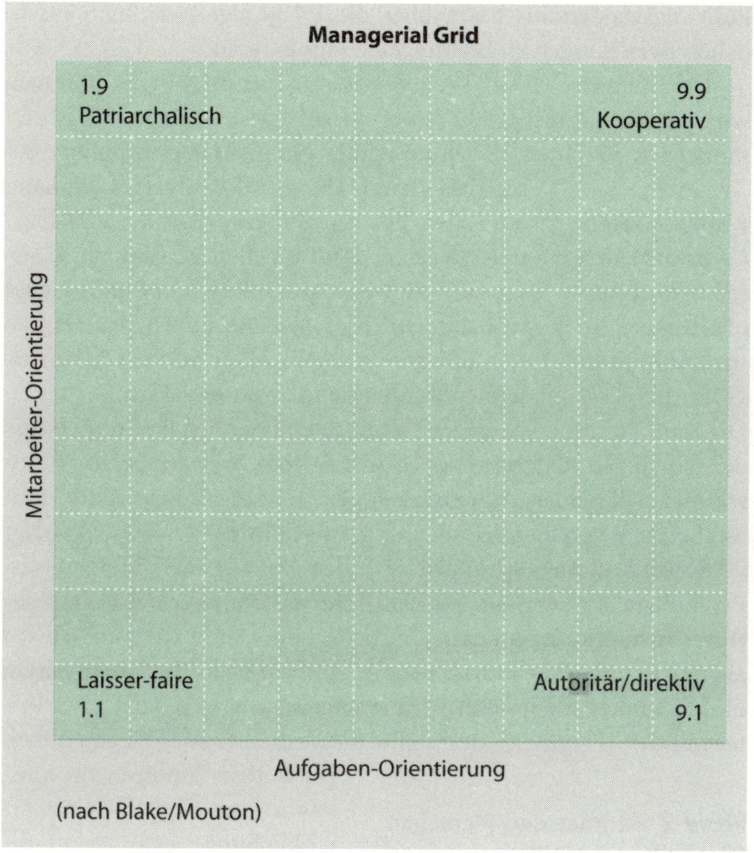

mit den beiden Ausprägungen »hoch« und »niedrig«. Auf diese Weise gelangen sie zu vier Hauptstilen in der Führung.

Die Nummern in dem Gitter symbolisieren verschiedene Führungsstile. Hinter der numerischen Kennzeichnung 9.1 verbirgt sich der uns bereits bekannte autoritäre Führungsstil mit seinem Ergebnis-, Sach-, Leistungs-Primat.

Die Zahlenkombination 1.9 symbolisiert eine Führungskraft, deren erstes Anliegen das soziale Klima und das Wohlergehen der Mitarbeiter und Mitarbeiterinnen ist. Dieses »patriarchalische«

Führungsverständnis hofft, über die Pflege der zwischenmenschlichen Beziehungen zu Leistungen zu motivieren.

Der Stil unter 1.1 wird »Laisser-faire« genannt. Auf ihn kommen wir später zu sprechen: in seiner damals gemeinten und in seiner modernen Variante. Er kennzeichnet ein Führungsverhalten, das man als »faul« oder »lustlos« bezeichnen kann oder aber als ausgereifteste Form der Delegation. In seiner traditionellen Version wird Laisser-faire-Führen als »Lass mich in Ruhe«-Gebot verballhornt. Klar ist: Die Führungskraft hält sich operativ weitgehend zurück; die Mitarbeitenden werden sich selbst überlassen.

Der Stil »Laisser-faire« wandelt sich in Bedeutung und Anforderungen grundlegend

Die Konfiguration 9.9 ist das Lieblingskind der beiden Autoren und der damaligen Zeit: das kooperative Führen. Wer kooperativ führt, widmet sich beiden Dimensionen gleichermaßen. Blake und Mouton betrachteten diesen Führungsstil als optimal.

Sowohl die Forschungen auf dem Gebiet der Motivations-Psychologie als auch die auf dem Feld »gute und erfolgreiche Führung« revolutionierten das Mitarbeiterbild. Damit befasste sich vor allem McGregor. Er umriss die alte Auffassung vom egozentrierten und kalkulierenden, sich vor Anstrengungen drückenden Mitarbeiter mit der »Theory X« und stellte dieser die »Theory Y« gegenüber. Unter dem Einfluss von Maslow zog der Begriff »Selbstverwirklichung« erstmals in die Unternehmen ein, und Führungskräfte mussten sich ab Ende der 60er-Jahre (insbesondere 70er-und folgende) daran messen lassen, inwiefern es ihnen gelang, Mitarbeitern Räume und Möglichkeiten dafür zu bieten. (Jedenfalls wurden sie mit diesem Anspruch konfrontiert und vertraten ihn zunehmend auch selbst.)

Die Theory Y zeichnet den Menschen bzw. Mitarbeiter als ein Wesen, das von sich aus bestrebt ist, seine Fähigkeiten zu entwickeln und unter Beweis zu stellen, lernbereit und ambitiös zu sein.

Exkurs: Kreislauf der Selbstständigkeit durch Theorie Y – oder: Selbstständigkeit ist lernbar

FK

Einstellung	MA wollen etwas leisten. Ich vertraue ihnen. Ich fordere und fördere sie.
Handeln	Vereinbart erreichbare Ziele. Lässt Freiraum für Wege zum Ziel.

Wirkung auf MA

MA

Empfinden und denken	FK vertraut mir. FK fordert und fördert mich. Ich will mich beweisen.
Handeln	Engagiert sich. Denkt mit. Fragt bei Problemen nach.

Wirkung auf FK

FK Auch wenn Pannen passieren: Mein Vertrauen bewährt sich. Ich weiß, dass meine MA ihr Bestes geben, um alle zum Erfolg zu führen. Deshalb binde ich sie weiterhin in möglichst viele Prozesse ein.

Wirkung auf MA

MA Ich werde ernst genommen und gefordert und will das Vertrauen bestätigen. Fehler werden konstruktiv behandelt. Das alles spornt mich an, mich so zu qualifizieren, dass ich völlig eigenverantwortlich arbeiten kann.

FK = Führungskraft *MA = Mitarbeiter*

Das neue Mitarbeiterbild und die Folgen

Das neue Mitarbeiterbild wurde von mehreren Wellen getragen. Zum einen von empirischer Forschung und Feldstudien. Die zweite Welle erkennen wir in wirtschaftlichen und gesellschaftlichen Entwicklungen. Kurz gesagt: Die Anforderungen an Mitarbeiter und Führungskräfte wurden durch Prozesse der Spezialisierung, funktionalen Differenzierung und Anreicherung von Wissen genötigt, von dem Modell des autoritären Führens Abschied zu nehmen. Es war immer weniger realisierbar. Denn die Aufgaben wurden komplizierter und komplexer, das nötige Know-how wuchs an. Folglich kam es zunehmend darauf an, dass die Mitarbeitenden den Gesamtkontext, den Sinn- und Zielzusammenhang kannten. Dieses Wissen diente als Basis dafür, mitzudenken, teilzunehmen und selbstständig zu arbeiteten. Aus all diesen Gründen konnte die Führungskraft in immer weniger Bereichen der beste Experte sein. Fazit: Es lag aus empirischen Gründen nahe, das Bild vom Mitarbeiter zu ändern.

Der autoritäre Führungsstil lässt sich heute kaum noch praktizieren

Die Revision war zusätzlich aus konzeptionellen Gründen nötig. Nur wenn man annimmt, Mitarbeiter seien grundsätzlich von sich aus, also intrinsisch, motiviert an der Arbeits- und Aufgabengestaltung teilzunehmen (zu partizipieren) und fähig, eigenverantwortlich arbeiten, hat das kooperative Führen eine Chance. Das Modell kursiert auch unter dem Namen »partizipatives Führen«. Denn dieser Führungsstil setzt auf Delegation. Er involviert die Mitarbeitenden in den gesamten Prozess. Ihnen werden Aufgaben und Kompetenz (Entscheidungsbefugnisse) übertragen und (markierte) Freiräume gelassen.

Der autoritäre Führungsstil zeichnet die Interaktion zwischen Führenden und Geführten als Einbahnstraße: Chef befiehlt – Mitarbeiter gehorcht. Das Modell des kooperativen Führens legt die Beziehung als Zwei-Wege-Kommunikation an: Die Führungskraft respektiert den Mitarbeiter grundsätzlich als gleichberechtigt und pflegt eine partnerschaftliche Dialogkultur.

Übung

Bitte notieren Sie, was das kooperative Element beim kooperativen Führen ist. Was kennzeichnet für Sie das Kooperative beim kooperativen Führen?

Meine Erfahrungen sprechen dafür, dass Sie unter anderem Worte wie freundschaftlich, kollegial, kumpelhaft notiert haben. Diese Bezeichnungen sagen aus, wie Sie sich das Klima oder den Umgangston vorstellen.

Wenn Sie zusätzlich notiert haben, dass die kooperative Führungskraft dafür sorgt, dass jeder Mitarbeiter nach seinen Stärken eingesetzt wird und seine Fähigkeiten entfalten kann, haben Sie die Dimension »Mitarbeiter-Orientierung« thematisiert. Kooperativ zu führen heißt aber mehr (siehe oben), nämlich sowohl auf der Sach- als auch auf der Beziehungsebene so zu führen, dass die angestrebten Ergebnisse erreicht werden. In diesem Sinn obliegt ihr die Steuerungsverantwortung. Wir benötigen also zusätzlich Aussagen über

die Art und Weise, wie die Führungskraft sicherstellen kann, dass zielbezogen gearbeitet wird. Das kann sie, indem sie in einer dritten Dimension agiert: in der des Prozesses. Und genau hier treffen wir die methodische (leider häufig vernachlässigte) Besonderheit des Modells an: Die Führungskraft trägt zwei Hüte. Einerseits trägt sie den Hut: Einer unter Gleichen. Auf der operativen Ebene, in der Sacharbeit also, exponiert sie sich nicht, sondern ist ein Experte unter anderen – und hat damit auch keine disziplinarische Macht über die Mitarbeitenden.

Anders auf der Prozessebene. Der zweite Hut ist der der Prozesssteuerung. In dieser Funktion hat die Führungskraft dafür zu sorgen, dass ergebnis- und zielgerichtet gearbeitet wird. Sie schlüpft deshalb in die Rolle des Moderators. Als Moderator erhebt sie sich über die Mitarbeitenden (Metaebene) und muss im Rahmen ihrer Ergebnisverantwortung bereit und fähig sein, auch autoritär oder direktiv zu führen. Sie dirigiert, damit das Orchester die Melodie spielt, die es spielen soll.

Nehmen wir an, Sie führen kooperativ und berufen ein Meeting ein, in dem Sie mit Ihren Mitarbeitenden eine neue Produktidee generieren wollen. Alle sind versammelt, das Treffen beginnt. Sie tragen Ihre beiden Hüte bei sich. Welchen setzen Sie zunächst auf? Selbstverständlich den Hut Moderation: Denn Sie begrüßen die Teilnehmenden, formulieren einführend noch einmal Sinn und Zweck sowie das Ziel des Meetings. Sie behalten den Hut auch deshalb auf, weil Sie nun den Ablauf der Besprechung vorstellen. Hier können Sie entscheiden, ob Sie Ihre Vorstellungen durchsetzen oder sie zur Diskussion stellen wollen.

Angenommen, Sie entscheiden sich für die zweite Variante. Welchen Hut tragen Sie? Wann wechseln Sie Ihre Kopfbedeckung? – Nun, der Moderationshut befindet sich auf Ihrem Kopf, wenn Sie einleiten: »Liebe Teammitglieder, ich habe euch zwar gerade erzählt, wie ich mir den Ablauf vorstelle – bin aber für bessere Ideen offen. Wollen wir diskutieren?« Das entfacht eine Diskussion, und alle Teilnehmer fühlen sich angesprochen. Setzen Sie immer dann den Moderationshut auf, wenn Sie die Diskussion strukturieren, Teilnehmenden das Wort erteilen, Inhalte zusammenfassen und dergleichen. Sie wechseln zum Teilnehmerhut, sobald Sie eigene Vorschläge, also Beiträge auf der Inhaltsebene, bringen.

In der Moderation sorgt der Chef für die zeitliche und inhaltliche Strukturierung

Den Moderationshut haben Sie auch dann auf, wenn Sie die Diskussion beenden und fortfahren wollen. Etwa: »Okay, ich möchte jetzt die Diskussion zusammenfassen und unser weiteres Vorgehen definieren. ... Wir sehen jetzt also 20 Minuten für ein Brainstorming vor. Wir machen es schriftlich. Zuerst ... und dann ... Nach Ablauf dieser Zeit gehen wir in die Bewertungsphase. Dafür sollten wir realistischerweise eine Stunde einkalkulieren. Und danach werden wir innerhalb einer halben Stunde entscheiden, welche der Ideen wir in einem Pilotprojekt umsetzen. Am Schluss setzen wir noch den Termin und legen die TOPs fest für unser nächstes Meeting. Okay?«

Es gilt: Immer, wenn Sie den Prozess steuern, tragen Sie den Moderationshut. Ihre Funktion ist es, den Prozess so zu lenken, dass der definierte Ablauf zeitlich wie inhaltlich eingehalten und zielgerichtet diskutiert wird. Immer dann, wenn Sie einen sachlichen, inhaltlichen, einen problem- oder themenbezogenen Beitrag formulieren, bewegen Sie sich als einer unter Gleichen und haben keine bevorzugten Rechte. Sie tragen dann den Teilnehmerhut.

Die Doppelrolle der Führungskraft

Rolle Prozesssteuerer

zum Beispiel

- Ziele formulieren
- Ressourcen bereitstellen
- Aktivieren
- Moderieren
- Koordinieren

Rolle Experte/Fachkraft

zum Beispiel

- Zielerreichung in Meilensteine gliedern
- Arbeitsablauf planen
- Ressourcen effektiv einsetzen
- Expertenwissen weitergeben/ zur Verfügung stellen
- Sich weiter qualifizieren

In diesem Sinn impliziert kooperatives Führen das Sowohl-Als-Auch: Einer unter Gleichen auf der Inhaltsebene und exponiert als »Dirigent«, als Moderator und Entscheider auf der Prozessebene.

Mittlerweile haben Sie die Kernpunkte des Modells kennen gelernt und wir können jetzt gezielte Überlegungen zur Praxis anstellen.

Anforderungen und Erfolgsfaktoren

Wer professionell, also souverän kooperativ führt, muss sich dazu entschließen. Kooperatives Führen »passiert« nicht einfach. Im Gegenteil. Kooperativ Führende sollten sich bewusst machen, was sie von sich selbst verlangen müssen und welche Faktoren den Erfolg dieses Führungsstils wahrscheinlich machen.

Eine Führungskraft, die erfolgreich kooperativ führt, sollte sich die wesentlichen Anforderungen bewusst machen.

Übung

Welchen Anforderungen, meinen Sie, ist eine Führungskraft ausgesetzt, die kooperativ führen möchte? Was müsste sie Ihres Erachtens nach leisten wollen und können, um erfolgreich zu sein?

Sie haben vielleicht folgende Überlegungen festgehalten:

- Sie mag Menschen. Schließlich lautet ihr Dogma: mit und nicht gegen Mitarbeiter arbeiten.
- Ihre Grundeinstellung entspricht der Theorie Y. Denn sie will die Philosophie des Empowerment, der Weiterentwicklung und Verselbstständigung, im Führungsprozess verwirklichen.
- Grundsätzlich vertraut sie ihren Mitarbeitern. Sie vertraut darauf, dass diese die Aufgaben, zu denen sie sich verpflichten, verantwortungsvoll erfüllen. Sie vertraut auch darauf, dass diese initiativ werden, sobald sie auf Schwierigkeiten stoßen.
- Die Führungskraft legt Wert darauf, dass die Mitarbeiter mitdenken, kommuniziert transparent, ist für neue Ideen aufgeschlossen, geistig flexibel und bereit, von ihren Mitarbeitern zu lernen.
- Sie führt über ihre »natürliche Autorität«, über Kompetenz und die Haltung der Kooperation. Daher bedeuten ihr persönliche Privilegien und Statussymbole wenig.

- Im Rahmen der Mitarbeiterführung unterstützt sie Mitarbeitende darin, eigenverantwortlich zu arbeiten. Aus diesem Grund informiert sie über den Zielzusammenhang der Aufgaben und Projekte, klärt wechselseitige Erwartungen und Wünsche und führt über Zielvereinbarungen und Ergebniskontrolle.
- Sie ist bereit, zu delegieren und damit »Macht« abzugeben.
- Damit sie sowohl die Sachziele als auch die Ziele, die sie mit der Entwicklung der Mitarbeitenden verfolgt, erfüllen kann, arbeitet sie an ihrer fachlichen, sozialen und methodischen Kompetenz.
- Sie trägt »zwei Hüte«, den für die operative Rolle und den für die moderative Rolle, und wechselt diese so, dass es für die Mitarbeitenden sichtbar ist.

Kooperatives Führen verlangt spezielle Voraussetzungen bei den Mitarbeitenden

Eine Führungskraft mag sich noch so sehr anstrengen, kooperativ zu sein – ohne spezielle Voraussetzungen, die in den Mitarbeitenden liegen, erleidet sie fast zwangsläufig Schiffbruch. Deshalb sollte sie klären, inwiefern welche Personen in ihrer Crew willens sind, kooperativ geführt zu werden. In Bezug auf jene, die diesen Wunsch haben und damit die Führungsphilosophie mit ihr teilen, wird die Führungskraft einen entsprechenden Entwicklungsplan – gemeinsam mit dem jeweiligen Mitarbeiter – konzipieren. Zu den Bereitschaften, Fähig- beziehungsweise Fertigkeiten auf der Seite der Mitarbeitenden zählen die folgenden Erfolgsfaktoren. Das kooperative Führen verlangt von den Mitarbeitenden:

- Sie sind ambitioniert, eigenverantwortlich zu arbeiten.
- Sie wollen nicht nur die einzelnen Ziele, sondern auch den Zielhorizont kennen und verstehen.
- Sie legen Wert darauf, an Planungs- und Entscheidungsprozessen teilzunehmen.
- Sie kümmern sich selbst darum, ihre fachliche, soziale und methodische Qualifikation auszuweiten. Dazu gehört beispielsweise, dass sie Weiterbildungsbedarf deklarieren.

- Sie kommunizieren offen und proaktiv. Das heißt: Sie informieren breit und eigeninitiativ, und sie holen Rat, wenn sie ihn benötigen.
- Sie gehen offen mit Fehlern um: Sie decken sie auf und versuchen, aus ihnen zu lernen. Probleme und Fehler betrachten und behandeln sie als Chance, Dinge besser zu machen.
- Sie streben einen Austausch mit der Führungskraft über Erwartungen, Wünsche und Messlatten an.

Selbstbild einer kooperativen Führungskraft

Eine Führungskraft, die kooperativ führen möchte oder dies bereits tut, begreift sich selbst eher als Partner oder Coach ihrer Mitarbeitenden. Ihr Ehrgeiz in der Mitarbeiterführung konzentriert sich darauf, jeden Mitarbeiter so zu führen und zu fördern, wie er es braucht, um seine Ziele zu erreichen und auf seinem persönlichen Entwicklungspfad weiterzukommen. Sie sieht sich selbst insofern als Teil des Teams, als sie von sich weiß, dass sie nicht in allen Belangen die best qualifizierte Person ist, sondern in manchen Belangen von ihren Mitarbeitenden lernen kann. Kooperativ zu führen impliziert auch, sich von sich selbst distanzieren zu können und eigene Verhaltensweisen kritisch zu reflektieren. Zu diesem Zweck bemüht sich der kooperativ Führende um eine konstruktive Kommunikations- und Konfliktkultur. In diese baut er die Möglichkeit ein, sowohl auf informellem als auch auf formellem Wege Feedback von der Mitarbeiterseite zu erhalten. Der kooperativen Führungskraft ist bewusst, dass sie den Respekt und das Vertrauen ihrer Mitarbeitenden braucht, um selbst zum Erfolg kommen zu können. Zusätzlich zu dem Gesagten ist es ihr daher ein Anliegen, deren Meinungen ernst zu nehmen und ihre Crew an möglichst vielen Gestaltungs- und Entscheidungsprozessen partizipieren zu lassen. Außerdem überprüft sie systematisch, inwiefern die Rahmenbedingungen des Arbeitens motivierend sind.

Die Führungskraft ist ein Teil des gesamten Teams

Gelingt es der Führungskraft, durch die Abteilung oder das Team den kooperativen Geist wehen zu lassen, können sich alle Beteiligten der Belohnung sicher sein. Welche Auswirkungen das kooperative Führen hat, schildert der nächste Abschnitt.

Die Auswirkungen kooperativen Führens auf die Mitarbeiter

Jede Führungskraft möchte mit ihrem »Stil« bestimmte Wirkungen erzielen. Legt sie sich auf das kooperative Führen fest, trägt sie dazu bei, dass gewisse Auswirkungen auf Mitarbeitende, auf die Beziehung »Mitarbeiter–Führungskraft« und auf das Team wahrscheinlicher sind als andere. Um genau diese, das Arbeitsumfeld gestaltendenden Konsequenzen geht es in diesem Abschnitt.

Übung

Schreiben Sie bitte auf, was Ihnen zu der folgenden Frage einfällt: Welche Auswirkungen hat kooperatives Führen auf eine Abteilung oder ein Team?

Zunächst einmal fällt das Klima der Zusammenarbeit auf. Es ist ein Teamklima. Die Kommunikations- und Informationsdichte ist sehr hoch, das Treiben ist rege, und eine Woge von Initiative und Begeisterung weht dem Besucher entgegen. Das heißt: Die Personen reden intensiv und häufig miteinander (ob via E-Mail und dergleichen oder mündlich). Sie kommunizieren transparent, direkt und aufrichtig. Spannungen werden, spätestens wenn sie den Arbeitsfluss behindern oder die Zielerreichung gefährden, angesprochen und gelöst. Selbst in der Art und Weise, wie heftige Konflikte ausgetragen werden, dominiert ein konstruktives Bemühen. Generell interagieren alle in kollegialer Weise. Dies schließt Unterstützungsleistungen ein. Die Führungskraft wird respektiert, weil sie den Mitarbeitenden markierte, vereinbarte Freiräume lässt und sich in ihrem Kontrollverhalten an die Abmachungen hält. Die Mitarbeitenden nutzen die Spielräume selbstverantwortlich und zielgerichtet. Zwar werden Ziele abgesprochen, doch in den Wegen, die zum Ziel führen, sind die Mitarbeitenden relativ frei. Die Führungskraft ermuntert dazu, ihre kreativen Potenziale aufzudecken und in die Arbeit einzuschleusen. Mitarbeitende fühlen sich eher gecoacht als bevormundet und kontrolliert. Insofern beteiligen sie sich an ihrer Förderung und Weiterentwicklung aktiv. Etwa helfen sie, Möglichkeiten ausfindig zu machen, Effektivierungsreserven zu erkennen und zu aktivieren sowie die eigene Qualifizierung voranzutreiben. All dies sorgt dafür, dass Mitarbeitende sich selbst motivieren, anstatt darauf zu warten, von ihrem Chef oder ihrer Chefin angespornt zu werden.

Das positive Arbeitsklima fällt angenehm auf

Wenn Sie sich dazu entschließen, kooperat*iv* zu führen ...

... dann benötigen Sie zuallererst die Bereitschaft, eine ganze Menge zu lernen. Sei es im Umgang mit sich selbst (dazu als Tipp mein Buch: Selbsttraining für Führungskräfte), in sozialer Hinsicht im Umgang mit Mitarbeitenden oder/und in methodischer Hinsicht.

In meiner Trainingstätigkeit habe ich die Erfahrung gemacht, dass das kooperative Modell meistens enthusiastisch aufgenommen wird – weil es kollegial ausgelegt ist, ethische Bedürfnisse befriedigt und den Faktor Hierarchie scheinbar eliminiert. Doch aufgepasst: Das kooperative Führen trifft nicht ausnahmslos ins Schwarze. Nicht alle Mitarbeitenden wollen kooperativ geführt werden. Ebenso wenig eignen sich sämtliche Führungskontexte dazu, kooperativ gesteuert zu werden. (Dazu in den folgenden Kapiteln.) Drittens gibt es noch einen konzeptionellen Haken in diesem zweidimensionalen Führungsmodell: Neben den beiden Dimensionen Mitarbeiter und Aufgabe gibt es noch eine dritte Dimension, die es in den Führungsprozess zu integrieren gilt, nämlich die Situation. Und diese wird uns samt ihrer Konsequenzen für die Führungskraft im nächsten Kapitel beschäftigen.

Kapitel 3
Das situative Führen

Der dritte Klassiker

Umfeld und Bedeutung

Im Verlauf der 50er- bis 70er-Jahre hat sich sowohl in der Forschung als auch in der Praxis der Führung viel getan. Unterschiedliche Autoren, vor allem in den USA, beschäftigten sich mit der Frage, wie sie Führungskräften in der Praxis helfen und welche Konzepte sie ihnen anbieten könnten, die Führungstätigkeit zu systematisieren und zielgerichtet zu gestalten. Wie der vorige Abschnitt bereits zeigte, wurde die Frage des Führungshandelns zunehmend verknüpft mit der nach einem motivierenden Arbeitsumfeld. Das praktisch relevante Erkenntnis-Interesse richtete sich auf die Kriterien »guten« Führens. Der Blick galt sowohl Führungskräften als auch Mitarbeitern. Einige der Theorien und Konzeptionen wurden in Trainingseinheiten überführt. Von diesen werden wir eine betrachten, nämlich den Entwurf des situativen Führens in der Version von Hersey und Blanchard.

Das situative Führen betrachtet neben der Führungskraft und dem Mitarbeiter die Situation, in der geführt wird

Der Ansatz von Hersey und Blanchard behält zwei Dimensionen bei, die wir bereits kennen gelernt haben, nämlich die Mitarbeiter- und die Aufgabenorientierung. Zusätzlich führt das Modell die Dimension der Situation ein. Vereinfacht gesagt, lautet die leitende Frage: In welcher Situation befindet sich der Geführte, also der Mitarbeiter – und wie muss er folglich geführt werden? Es kommt also darauf an, dass die Führungskraft erkennt, wie die situativen Variablen aussehen, um auf sie ihre Art der Führung abzustimmen. Wie gut sie das macht, entscheidet über den Grad ihrer Effektivität sowie ihrer Fähigkeit, sich situationsspezifisch in der Führung anzupassen. Genau dieser Grad entscheidet darüber, wie professionell oder »gekonnt« eine Führungskraft die Mitarbeitenden führt. Ausgehend von den drei genannten Dimensionen unterscheiden Hersey und Blanchard vier Stile der Führung: das »telling«, das »selling«, das »participating« und das »delegating«.

Grundmodell Situative Führung

FS	»telling«: sich den Aufgaben widmen
MA	PR: niedrig; AR: niedrig

↓

FS	»selling«: sich engagieren, integrieren
MA	PR: mittelmäßig; AR: mittelmäßig

↓

FS	»participating«: in Verbindung bleiben, Beziehung intensivieren, MA beteiligen
MA	PR: hoch; AR: hoch

↓

FS	»delegating«: abgeben, sich heraushalten
MA	PR: höchst ausgeprägt; AR: höchst ausgeprägt

FS Führungs-Schwerpunkte
MA Mitarbeiter
PR Psychologischer Reifegrad
AR Aufgaben-Reifegrad

Welcher Stil der angemessene ist, beurteilt die Führungskraft nach dem »Reifegrad« des Mitarbeiters. Dieser Reifegrad erwächst zum Maßstab der Art und Weise, wie eine Führungskraft einen Mitarbeiter führen sollte. Er wird in zwei Hinsichten abgefragt: der psychologischen und der der Arbeit(sinhalte). Die Autoren nennen diese zwei

Perspektiven psychologischer beziehungsweise Aufgaben-Reifegrad. Während sich der psychologische Reifegrad vorzugsweise mit Bereitschaften und Potenzialen beschäftigt, thematisiert der Aufgaben-Reifegrad fachlich-sachliche Fähig- und Fertigkeiten. Für beide Reifegrade sind bestimmte Merkmale charakteristisch.

Psychologischer Reifegrad:
- Engagement
- Verantwortungsübernahme
- Zuverlässigkeit/Verbindlichkeit
- Kooperativität
- Teamorientierung
- Entscheidungswille
- Belastbarkeit/professioneller Umgang mit Disstress
- Lernbereitschaft
- Flexibilität im Denken und Handeln
- Mut, fremde Wege einzuschlagen
- Durchsetzungswille
- Konfliktfähigkeit

Aufgaben-Reifegrad:
- Fachkompetenz
- Ausbildung
- Berufliche/aufgabenrelevante Erfahrung
- Selbstständigkeit im Arbeiten
- Flexibilität in Methoden
- Methodische Kompetenzen zur Steuerung von Prozessen
- Selbstorganisatorische Kompetenzen: wo und wie recherchieren/Informationen einholen; Lernen, Weiterentwickeln
- Denken/Handeln in Kategorien der Vernetzung/Veränderung.

Mehr Informationen dazu finden Sie in meinem Buch: »Selbsttraining für Führungskräfte«. Beltz, Weinheim und Basel ^{2}2001.

Im folgenden Abschnitt fragen wir, wie eine Führungskraft dieses Modell nutzen kann, um in der Führung effektiv zu sein.

Anforderungen und Erfolgsfaktoren

Hersey und Blanchard spitzen ihr Modell auf Fähigkeiten zu: Die Führungskraft sollte über eine Klaviatur mit vier Tasten verfügen und situationsgerecht darauf spielen können. Um das Modell nutzen zu können, obliegt es ihr, pro Mitarbeiter die Ausprägung in den Reifegraden zu erkennen. Denn je nachdem, wo diese wie reif sind, führt die Führungskraft gemäß den Stilen I bis IV.

Stil I

Die Führungskraft weiß, dass der Mitarbeiter noch am Beginn seiner Laufbahn steht oder als Quereinsteiger neu in der aktuellen Funktion ist. Aus diesen und ähnlichen Gründen fokussiert die Führungskraft zunächst die Aufgabe. Denn ihre Intention ist es, die Arbeitsreife in den Mitarbeitenden zu entwickeln. Deshalb führt sie den Mitarbeiter direktiv, das heißt, sie sagt ihm genau, was dieser zu tun hat und kontrolliert sowohl die Details als auch das Ergebnis. Der Führungsaufwand hier ist noch sehr hoch.

Stil II

Inzwischen kennt der Mitarbeiter seine Aufgabe und Funktion und füllt diese kompetent aus. Im Zusammenhang mit dem Stil II wird das Szenario gemalt, dass zwar die Arbeitsreife entfaltet ist, der Mitarbeiter indes jedoch nicht besonders motiviert erscheint. Folglich betont die Führungskraft in ihrer Führung den Faktor Beziehung. Hierbei kümmert sie sich nicht nur um das Wohlbefinden, sondern auch darum, dass der Mitarbeiter den Wert seines Beitrags zum Ganzen erkennt und sich engagiert. Ziel ist, dass er sich nach Möglichkeit (wieder) selbst motiviert. Die Führungskraft »verkauft« ihm die Arbeit so, dass der Mitarbeiter seine Funktion und seinen Beitrag als wertvoll begreift und deshalb gerne tut, was er zu tun hat. So kann es sein, dass der Mitarbeiter frustriert ist, sich in einer beruflichen Krise befindet oder aus persönlichen Gründen weniger Interesse an der Arbeit hat. In dieser Situation ist die Führungskraft gut beraten, wenn sie im Gespräch mit dem Betroffenen aufdeckt, was ihm missfällt oder ihn belastet. Auf diese Weise integriert sie den Mitarbeiter und signalisiert ihm, dass dessen Beitrag ein bedeutsamer Teil im Gesamten ist.

Der Beziehungsfaktor gewinnt an Bedeutung, um die Motivation zu steigern

Stil III

Nun gibt es Situationen, in denen der Mitarbeiter noch nicht oder nicht mehr kompetent ist (zum Beispiel Quer- oder Wiedereinsteiger), seine Arbeitsreife also gering ausfällt. Gleichzeitig schätzt er den Wert der Aufgabe und damit des eigenen Beitrags hoch ein und ist hochgradig motiviert, diesen zu realisieren. Der Führungskraft wird hier empfohlen, als Coach oder Supervisor zu fungieren. Sie soll dem Mitarbeiter Möglichkeiten einräumen, sich aktiv zu beteiligen, soll ihn dort mitmachen lassen, wo er es kann, zum Beispiel in einem Projekt oder als Training-on-the-job-Maßnahme. Die Devise lautet hier: Die intrinsische Motivation so nutzen, dass die Potenziale, die in fachlicher Hinsicht im Mitarbeiter schlummern, aufgeweckt und entfaltet werden. Vernachlässigt die Führungskraft diesen partizipativen Aspekt, droht der Mitarbeiter sich zurück zu entwickeln, sodass er wieder mit Stil I geführt werden muss.

Stil IV

Salopp formuliert, tut der Mitarbeiter beim Stil des Delegierens das, was er tun soll, und dies höchst kompetent und selbstständig. Arbeits- und psychologischer Reifegrad fallen so hoch aus, dass sich die Führungskraft aus dem operativen Feld zurückziehen kann. Sachlicher gesagt: Die letzte Etappe der Entwicklungsstufe (in diesem Modell) ist erreicht, weil der Mitarbeiter gern, versiert und weitestgehend autonom seine Aufgabe erledigt. Folglich kann sich das Führungshandeln auf das Führen durch Zielvereinbarung, auf Ergebniskontrollen und auf Gespräche beschränken, in denen Führungskraft und Mitarbeiter eine Standortbestimmung vornehmen. Die Führungskraft, die Aufgaben und Verantwortung weitergibt, also delegiert, kann und sollte sich hier darauf konzentrieren, Bedingungen zu schaffen, unter denen die Mitarbeitenden stärkenorientiert und selbstverantwortlich arbeiten können. Der Kontrollaufwand seitens der Führungskraft beschränkt sich hier auf Ergebniskontrolle

Delegation wird möglich, weil der Mitarbeiter weiß, was er zu tun hat und so kompetent ist, vereinbarte Ziele zu erreichen

Mithin wurde deutlich, dass wir das Modell der Führung als ein Modell für die Entwicklung von Mitarbeitern lesen können: Ein Mitarbeiter startet unselbstständig und noch wenig wissend, also noch unerfahren (Stil I). Durch die Art der Führung wächst er in seinen Fähigkeiten und Fertigkeiten sowie Bereitschaften, sodass er selbstständig und eigenverantwortlich arbeiten kann (Stil IV). Innerhalb dieser Linie nimmt der Führungsaufwand ab. Insofern agiert die Führungskraft in ihrer Funktion als Coach oder »Entwickler« und reagiert auf die Fortschritte, indem sie sich immer mehr aus der unmittelbaren Führung zurückzieht. Führungsstil und Mitarbeiterreife korrelieren.

Von der Führungskraft wird also gefordert, dass sie im Führungsprozess ihre Mitarbeitenden soweit kennen lernt, dass sie diese individuell angemessen führen kann. Gleichzeitig ist sie mit dem Erfordernis konfrontiert, auf der Stil-Klaviatur flexibel spielen zu können. Das impliziert auch: Die Führungskraft ist bereit und fähig, sich auf den einzelnen Mitarbeiter einzustellen und als Akteur zunehmend in den Hintergrund treten zu können. Sie ist nur zu Beginn der »Hero«, wechselt in die Rollen des Coachs und Partners und zieht sich schließlich aus dem betreuenden Führungshandeln völlig zurück. Damit berühren wir das Selbstbild einer situativ führenden Person.

Übung

Stellen Sie sich eine Mitarbeiterin oder einen Mitarbeiter von Ihnen vor, die bzw. der am Anfang der beruflichen Karriere steht. Entwerfen Sie eine Art Projektplan für die Entwicklung dieser Person. Konzipieren Sie Ihre »Investition« so, dass Sie die Mitarbeiterin oder den Mitarbeiter von Stil I zu Stil IV führen.

Selbstbild einer situativ führenden Führungskraft

Die letzten Bemerkungen verweisen bereits darauf: Wer situativ führen möchte, der darf weder selbstverliebt sein noch sich selbst ins Zentrum des Geschehens stellen. Demgegenüber begreift sich diese Führungskraft als vorübergehender Begleiter auf dem Weg zur Selbstständigkeit von Mitarbeitenden. Situativ zu führen impliziert, dass es der Führungskraft ein Anliegen ist, selbstständige und eigenverantwortliche Mitarbeitende zu haben. Diese Intention kann Ausgeburt des Mitarbeiterbildes gemäß Theorie Y sein, kann das Kind ethisch-didaktischer Überzeugung sein oder auch Resultat einer bestimmten Auffassung über die Funktion von Führung. Je höher Führungskräfte in der Hierarchie angesiedelt sind beziehungsweise je maßgeblicher sie für die Unternehmensentwicklung mitverantwortlich sind, desto stärker interessieren sie sich dafür, im unmittelbaren Prozess der Mitarbeiterführung Freiraum zu schaffen. Denn dann können sie sich ihren weiteren, grundlegenden Funktionen widmen: dem strategischen, symbolischen und visionären Führen.

Die Führungskraft begleitet die Mitarbeiter auf dem Weg zur Selbstständigkeit

Zusammengefasst: Führungskräfte, die situativ führen, müssen grundsätzlich jene Einstellung mitbringen, wie wir sie oben für die kooperativ Führenden definiert haben. Zusätzlich erleichtern sie sich das Führungsgeschäft, wenn sie Mitarbeiterführung als Investition und sich selbst als Investor betrachten. Dabei gewinnen alle: Die Mitarbeitenden, weil sie sich weiter entwickeln; das Unternehmen, weil es »Selbstläufer« gewinnt, die zielgerichtet und engagiert arbeiten; die Führungskraft, weil sie Raum gewinnt, ihre unternehmerische Verantwortung wahrzunehmen.

Auswirkungen situativen Führens auf die Mitarbeiter

Übung

Überlegen Sie zunächst, welche Auswirkungen das situative Führen auf die Zusammenarbeit und damit auf die Führungskraft sowie auf die Mitarbeitenden hat.

Ich nehme an, Ihre Antwort spiegelt den folgenden Zusammenhang wider: Die Art der Führung erleichtert es, eine Vereinbarungs- und Vertrauenskultur zu etablieren. Die Führungskraft stellt sich optimal auf jeden einzelnen Mitarbeiter ein. Sie bemisst die Art der Führung an dem »Reifegrad« jedes Einzelnen und vereinbart entsprechende Ziele. Dadurch erreicht sie mehrerlei: Sie fordert und fördert Mitarbeitende individuell, sodass sich niemand unter- bzw. überfordert fühlt. Auf diese Weise gewinnt die Führungskraft Vertrauen darin, dass die Mitarbeitenden jene Aufgaben, zu denen sie sich verpflichtet haben, nach bestem Wissen und Können erfüllen. Gleichzeitig wächst das Vertrauen der Mitarbeitenden in die Führungskraft. Mitarbeitende glauben der Führungskraft, dass sie im Rahmen ihrer

Die Führungskraft vertraut auf ihre motivierten Mitarbeiter

Verantwortung, exzellente Produktivität zu erzielen, nicht »über Leichen geht«. Sondern im Gegenteil: dass sie sich bemüht, dies mit (!) den Mitarbeitenden zu tun, denen sie aus diesem Grund Gelegenheiten bietet, ihre Fähigkeiten zu entfalten. Mit anderen Worten: Die Führungskraft vertraut der intrinsischen Motivation ihrer Mitarbeitenden, hervorragende Leistungen bringen und Potenziale entwickeln zu wollen, und die Mitarbeitenden verlassen sich auf dieses Vertrauen und auf die damit verbundene Förderungsabsicht der Führungskraft. Diese Kultur verlangt und begünstigt eine offene und aufrichtige Kommunikation und Interaktion. Eine Vertrauenskultur realisiert einen positiven (Selbst-)Verstärkungskreislauf. Die Logik der self-fulfilling-prophecy, die Sie im Zusammenhang mit der Theorie X und Y kennen gelernt haben, bewirkt, dass Vertrauen mit Vertrauen belohnt wird. Dies hinsichtlich der Arbeit, also auf der Sachebene, wie auch bezüglich des Umgangs miteinander, also auf der Beziehungsebene.

Für die Arbeit bedeutet das:

- Informationen werden unaufgefordert ausgetauscht.
- Es bilden sich keine Informationsmonopole.
- Fehler werden konstruktiv besprochen und behandelt: Nicht Schuldige werden gesucht, sondern was man aus den Fehlern lernen und daher besser machen kann.
- Alle Beteiligten sind aktiv daran beteiligt, Teilprozesse zu koordinieren.
- Jeder fühlt sich verantwortlich dafür, vereinbarte Ziele, Einzel- wie Gruppenziele, zu erreichen.

Für die Interaktion heißt das:

- Alle Beteiligten respektieren die Persönlichkeit des anderen.
- Sie pflegen einen freundlichen bis herzlichen Umgangston.
- Fraktionsbildungen sind selten bis nicht vorhanden.
- Spannungen oder Konflikte werden angesprochen und gemeinsam gelöst.
- Keinem »fällt ein Zacken aus der Krone«, wenn er sich bei einem anderen entschuldigen soll.

In einem Satz formuliert: Das situative Führen lässt eine Vertrauenskultur gedeihen und nivelliert auf der Handlungsebene hierarchische Gefälle.

Wenn Sie sich entschließen, situativ zu führen ...

... dann haben Sie sich ein ehrgeiziges Ziel gesetzt. Zunächst brauchen Sie die Bereitschaft, sehr viel Verantwortung auf sich zu nehmen, nämlich für die Entwicklung Ihrer Mitarbeitenden sowie für die Qualität der Ergebnisse. Und Sie müssen willens und bereit sein, in den Hintergrund treten zu können, weil mit zunehmender Selbstständigkeit Ihrer Mitarbeitenden Ihr Part der direkten Führung abnimmt. Sie werden im Führungsprozess immer weniger gebraucht – und damit haben eitle Menschen, die sich gern im Mittelpunkt sehen und/oder jene, die erst durch ein Publikum zu Höchstleistungen angespornt werden, arge Probleme. Außerdem müssen Sie auf der gesamten Klaviatur der Führungsstile so spielen können, dass Sie bewusst und gezielt – je nach Erfordernis – den »Stil«, also die Art Ihrer Intervention und Begleitung, wechseln können.

Beim situativen Führen steht der Mitarbeiter im Vordergrund

Die mentalen wie methodischen Erfordernisse werden ergänzt um eine Einstellung zu Mitarbeitenden allgemein: Sie müssen gerne mit Menschen arbeiten, Ihre Führungsverantwortung grundsätzlich mit Freude ausüben. Denn situativ zu führen, impliziert notwendigerweise, dass Sie sich mit jeder Mitarbeiterin, mit jedem Mitarbeiter intensiv beschäftigen und folglich auf sie zugehen. Sie benötigen »ein Händchen« für pädagogisch sinnvolles Eingreifen, Geduld und den Mut zum Experiment. Denn Lernen-lassen bedeutet, Fehler zu riskieren – um sie dann als Chance für Verbesserungen und für die Weiterentwicklung zu nutzen.

Schließlich sei betont, dass Sie selbst lernbereit sein sollten. Denn erstens fällt keine Führungskraft mit der Fähigkeit, situativ zu führen, vom Himmel, und zweitens gibt es Mitarbeitende, die Ihnen in der einen oder anderen Weise überlegen sind.

Kapitel 4
Das Laisser-faire-Führen

Der vierte Klassiker

Umfeld und Bedeutung

Sie begegneten dem Laisser-faire als Führungsstil bereits: In Kapitel 2 nimmt er unter dem Namen »1.1-Stil« im Rahmen des Verhaltensgitters von Blake und Mouton einen bestimmten Platz ein. Und in Kapitel 3 taucht er im Konzept des situativen Führens noch einmal auf, diesmal unter der Bezeichnung »Delegieren«.

Anhand dieser Positionierung des Laisser-faire erkennen Sie zweierlei. Erstens handelt es sich nicht um einen »neuen« Stil, denn er ist seit den 60er-Jahren eingeführt. Zweitens – und das ist der Clou – wächst unter dem Namen etwas andereres heran!

Übung

Überlegen Sie, worin die Unterschiede in der Bedeutung des Stils liegen. Schauen Sie sich das Verhaltensgitter auf S. 29 und das Modell auf S. 44 an. Achten Sie auf die »Position« des Stils in den Darstellungen. Sie gibt Ihnen Anhaltspunkte darüber, wie die Führungskraft führt, wenn sie den Laisser-faire-Führungsstil praktiziert.

Zwar bleibt die Hülle. Der Stil wird Laisser-faire genannt, aber es wandelt sich der Inhalt, die Bedeutung oder das Verständnis dessen, für was der Begriff steht.

Werfen wir zunächst einen Blick auf den 1.1-Stil im zweidimensionalen Verhaltensgitter, das wir bei Blake und Mouton finden. Er zeigt uns das traditionelle Verständnis des Laisser-faire. In Führungskräfte-Trainings fällt die Erläuterung häufig so aus: Die Führungskraft achte weder darauf, dass die Mitarbeitenden Ergebnisse produzieren noch darauf, dass sie sich wohl fühlen. Der Führungskraft ist beides egal, sie tut gar nichts. Sie entzieht sich dem Geschehen völlig und ist schlichtweg faul.

Das traditionelle Verständnis von Laisser-faire bedeutet »heraushalten«

Dieser Deutung entsprechend war der Laisser-faire-Stil nicht nur schlecht angesehen, sondern wurde sogar verachtet. Wer so führte, führte eigentlich gar nicht. Laisser-faire heißt übersetzt »machen lassen«. Und so symbolisierte dieser Stil komplettes Desinteresse der Führungskraft an Ergebnissen wie an Mitarbeitenden. Laisser-faire war eindeutig negativ besetzt.

Diese Interpretation und Wertung kursierte in einer Zeit, in der man die Führungskraft als Leitfigur und Vorbild begriff. Führung ähnelte eher der fachlichen und sozialen Betreuung von Mitarbeitenden. Verantwortlich handelte eine Führungskraft dann, wenn sie sich um die Mitarbeitenden kümmerte. Diese Fürsorge verlegte den Akzent allmählich von der patriarchalischen Überwachung zur Förderung in fachlicher und sozialer Hinsicht. Zeitgleich entwuchsen die »Untergebenen« ihrem »Unterstelltsein« und wurden zu »Mitarbeitenden«, die Führungskräften »zugeordnet« waren. Diese Veränderungen demons-

trieren zwar eine Wandlung in der Art und Weise wie Mitarbeitende betrachtet wurden und sie signalisieren auch, dass Führungskräfte begriffen, wie sehr sie die Mit-Arbeit und das Mit-Denken ihrer Leute brauchten, um Erfolg zu haben. Dennoch blieb die hierarchische und damit funktionale Differenz bestehen. Ebenso selbstverständlich blieb die Führungsfigur als Leitfigur etabliert. Der Führungskraft oblag die Verantwortung für die Mitarbeiter. Und diese nahm sie wahr, indem sie gegenwärtig oder anwesend ist.

Das ist das Stichwort: gegenwärtig oder anwesend. Gute Führung war synonym mit »dabei sein«. »Dabei sein« war gleichbedeutend mit »interessiert und verantwortlich sein«. Im Umkehrschluss galt: Wer nicht dabei war, war fort, und wer fort war, war nicht interessiert und schon gar nicht verantwortlich. Also führte derjenige nicht, der Laisser-faire führte. Und so einer war nicht zu gebrauchen, taugte als Führungskraft nicht.

Seltsam: Trotzdem konnte man einigen (oder vielen?) Laisser-faire-Führenden nicht absprechen, erfolgreich zu sein. Die Rechnung: »Der tut ja gar nichts, also produziert der mit seinen Mitarbeitenden keinen vernünftigen Output« ging nicht auf. Man begann, genauer hinzuschauen.

Veränderungen in der gesamten Führungs- und Arbeitssituation erzeugen ein neues Verständnis des Laisser-faire

Dieses genauere Hinschauen wurde zusätzlich durch eine gesellschaftliche Entwicklung erzwungen, die auch den betriebswirtschaftlichen Sektor berührte: die funktionale Differenzierung, das heißt, das Auffächern von Aufgaben und Zuständigkeiten, und die mit ihr verwobene Spezialisierung von Wissen und Können. Führende deckten immer weniger und seltener das gesamte Know-how auf ihrem Verantwortungsgebiet ab. Die Mitarbeitenden wurden zu Experten oder Spezialisten, auf deren solide Arbeit Führende vertrauen mussten. Führungskräfte konnten folglich immer weniger als Lehrer in fachlicher Hinsicht auftreten. Ihre Position als Allwissende oder Bestwissende bröckelte. Das bisherige Selbstbild erfuhr nicht nur eine Revision und Reformation – es wurde revolutioniert. Führungskräfte mussten lernen, sich auf ihre Mitarbeitenden zu verlassen, das heißt, auf deren Wissen und Können, auf deren Urteil in fachlichen Fragen. Führungskräfte erfuhren (oft schmerzlich), dass nicht ihr Urteil es war, dass in sachlicher Hinsicht den Ausschlag gab; dass es nicht ihr Sachverstand war, der über mögliche Investitionen und andere zukunftsgerichtete Szenarien (allein) entschied. Sie durchlitten die Talsohle des Gefühls, überflüssig zu sein.

Doch allmählich fanden sie neue Betätigungsfelder. Strategisch bedeutsame Angelegenheiten traten in den Vordergrund. Die Wirtschaftswelt und das Universum der Unternehmen wurde immer turbulenter und unberechenbarer. Dies erforderte, dass Führungskräfte die Außenwelt im Blick hatten, den Markt und andere geschäftsrelevante Bereiche beobachteten, intelligente Fragen stellten und entsprechend reagierten. Die Kompetenz von immer mehr Spezialisten wurde gebraucht. Folglich verlagerte sich die Zuständigkeit in der Mitarbeiterführung darauf, Mitarbeitende oder Teams in die richtige (die gewollte) Richtung zu lenken. Damit war und ist die Aufgabe verbunden, für Rahmenbedingungen zu sorgen, innerhalb derer die Experten und Expertinnen effizient und effektiv arbeiten können. Dieser Funktion wohnen andere inne. Eine wesentliche Teilfunktion ist, dass die Führungskraft, eher Generalist als Spezialist, weiterführende Fragen in der Sache stellen kann. Sie repräsentiert hier den strategischen Kopf. Um effektives Arbeiten zu ermöglichen, benötigt sie methodische Kompetenzen. Das bedeutet beispielsweise: strukturiert denken, systematisch vorgehen und moderieren. In sozialer Hinsicht muss sie über so genannte social skills verfügen, mittels derer sie die Mitarbeitenden auf Kurs hält und ein motivierendes Klima schafft. Der Akzent des Führens verschiebt sich auf methodische, strukturelle, strategische Fragen sowie auf jene der Sozialkompetenz.

Die Führungskraft ist somit der strategische Kopf

Diese Funktionen heißen in der Fachsprache: Lokomotions-, Kohäsions- und Integrations-Funktion. Da sie in der Praxis häufiger auftauchen, folgt eine kurze Erläuterung.

Exkurs: Die drei Hauptfunktionen im Team

- **Integrations-Funktion:** In dieser Funktion übernimmt der Vorgesetzte die Pflicht, sicherzustellen, dass jedes Mitglied der Gruppe (Abteilung, Team) aktiviert wird. Er macht, wie es so schön heißt: Betroffene zu Beteiligten. Jedes Mitglied wird aktiviert. Diese Einbindung ins Geschehen bewirkt er, indem er dazu ermuntert, Argumente und Meinungen frei zu äußern und durchaus konträr zu diskutieren; indem er Diskussionen unparteiisch leitet, strukturiert und Synthesen bildet; indem er Missstimmungen anspricht und Raum dafür gibt, Dissonanzen auszuräumen.
- **Kohäsions-Funktion:** Diese Funktion betrifft den Zusammenhalt der Gruppe. Dies tut die Führungskraft, indem sie Gruppenprozesse thematisiert; Spielregeln für das Team mit diesem zusammen erarbeitet; dafür sorgt, dass Zieldefinitionen sowie sämtliche zielführenden Teilprozesse transparent und nachvollziehbar sind.
- **Lokomotions-Funktion:** Diese Funktion wird heute auch Leading-Funktion genannt. Die Aufgabe liegt darin, die Zielorientierung aller Aktivitäten zu sichern. Mit anderen Worten: Der Leader sorgt (zum Beispiel unter Ausübung der zwei oben genannten Funktionen) dafür, dass alle Beteiligten am selben Strick und in die selbe Richtung ziehen. Die Lokomotions-Funktion gewährleistet Effektivität, nämlich das Richtige tun, weil das definierte Ziel als richtig gilt.

Sowohl der Erfolg von Laisser-faire-Führenden als auch die Notwendigkeit, sich aus dem Operativen zunehmend zurückziehen zu müssen (!), stoßen eine Umdeutung und schließlich eine Umwertung des Laisser-faire-Führungsstils an. Der »faule Chef mit einer laxen Führung« verwandelt sich in den »fähigen Chef mit einer ausgereiften und höchste Anforderungen stellenden Führung«. Manche sprechen auch von einer emanzipatorischen Führungspraxis.

Was heißt das? Worin bestehen diese hohen Anforderungen und an wen? Und wer emanzipiert sich gegenüber wem und von was?

Anforderungen und Erfolgsfaktoren

Übung

Bitte denken Sie darüber nach, welche Anforderungen an eine Laisser-faire-Führung gestellt werden. Notieren Sie auch Stichworte zur Begründung, warum diese Anforderungen unabdingbar sind.

Beginnen wir mit den Anforderungen, die eine Führungskraft an sich selbst stellt, wenn sie den Laisser-faire-Stil praktizieren möchte:

- Die Führungskraft möchte möglichst selbstständige Mitarbeitende in ihrem Team zu haben. Ihr Führungsideal sieht die Mitarbeitenden als »Selbstläufer«.
- »Selbstläufer« fallen nicht vom Himmel. Weitgehende Autonomie ist vielmehr das Ergebnis eines Entwicklungs- und Entfaltungsprozesses. Laisser-faire-Führen bildet den Endpunkt innerhalb einer Evolution zur höchsten Form der Selbstständigkeit, die ein Mitarbeiter erreichen kann. Die Laisser-faire-Führungskraft macht ernst mit der Redewendung, Mitarbeiter seien das wichtigste Kapital und die zentralen Erfolgsfaktoren im Unternehmen. Mitarbeiterführung und -entwicklung behandelt die Laisser-faire-Führungskraft investiv, also als Investition. Daraus folgt zum einen das Vertrauen, dass sich der Aufwand lohnt und mehrfach zurückfließt. Zum anderen ergibt sich daraus der Entwurf eines Entwicklungsprogramms pro Mitarbeiter. Aufgabe der Führungskraft ist es folglich, willens und in der Lage zu sein, diesen Prozess einzuleiten und zu begleiten.

Soweit die mentale Ausrichtung als Anforderung. Auf die Handlungsebene übersetzt, bedeutet das: Grundsätzlich arbeitet und kooperiert die Führungskraft gern mit ihren Mitarbeitenden, beschäftigt sich mit ihnen und pflegt eine intensive wie extensive Kommunikation. Die enge Tuchfühlung ist so unabdingbar wie unvermeidbar: Unabdingbar, weil sie ihre Mitarbeitenden gut kennen (lernen) und wissen muss, wen sie in welcher Hinsicht Laisser-faire-Führen kann und wen nicht. Das Kennenlernen ist also eine notwendige Voraussetzung für ein verantwortungsvolles Laisser-faire-Führen. Und unvermeidbar, weil sich die Entwicklungsarbeit hin zur Selbstständigkeit in der gemeinsamen Arbeit verwirklicht (dazu der nächste Abschnitt). Insofern lernt die Führungskraft die Mitarbeitenden zwangsläufig näher kennen (und vice versa).

Um das oben skizzierte Autonomie-Ideal realisieren zu können, ist eine breit gefächerte Führungskompetenz nötig. Formal gesprochen muss die Führungskraft die Klaviatur der Führungsstile beherrschen.

Entwickeln heißt: Lernen lassen und den Lernprozess gezielt steuern. Auf dem Lernpfad benötigt sie didaktisches Geschick, wie sie diese Autonomieentwicklung initiiert und betreut. Die Führungskraft transformiert die Idee »Mitarbeiterentwicklung ist eine Investition« in ein »Projekt«, mitsamt allem, was zu einem effektiven Projektmanagement gehört. Während der Prozesse, die den Projektverlauf kennzeichnen, passt die Führungskraft ihren Stil den Fortschritten der oder des Mitarbeitenden an. Sie wechselt also zwischen den Führungsstilen sowohl bei ein- und demselben Mitarbeiter als auch zwischen den Mitarbeitenden. Sie passt sich deren fachlichen und methodische, kommunikativen und sozialen Kompetenzen an und fordert mit kalkuliertem Risiko.

Laisser-faire verlangt von der Führungskraft sämtliche Führungsstile zu beherrschen

Dieser Wechsel hat Konsequenzen. Zunächst im Denken. Es wäre verfehlt, der Auffassung zu sein: »Um zu zeigen, dass ich meine Leute ernst nehme, muss ich jeden gleich und zwar Laisser-faire-

Führen.« Diese Überzeugung in die Tat umgesetzt, schießt zwangsläufig am Ziel vorbei. Denn nicht jeder will so geführt werden: Es gibt Menschen, die es vorziehen, genau gesagt zu bekommen, was sie wie tun sollen. Menschen zu selbstverantwortlichem Arbeiten zu zwingen, bedeutet, sich über ihre (wie auch immer fundierten) Bedürfnisse hinwegzusetzen. Das demotiviert auf Dauer und führt zu innerer Kündigung (von dem sachlichen Schaden ganz abgesehen). Zudem wohnt dem Laisser-faire die oben umrissene Entwicklungsaufgabe inne. Sie spiegelt einen Lernprozess, in dem die Führungskraft die Federführung übernimmt. Die dritte Implikation verweist darauf, dass die Führungskraft Lernen ermöglichen muss.

Laisser-faire gelingt nur dann, wenn es beide wollen und können: Führungskraft und Mitarbeiter

Methodische und didaktische Implikationen fordern von der Führungskraft, Lernvorgänge systematisch und sequenziell zu inszenieren. Sie richtet sich am Status quo der oder des Lernenden aus. Der aktuelle Status informiert sie darüber, wie weit der Mitarbeiter auf dem-und-dem Feld ist. Von diesem Sprungbrett aus vereinbart sie mit dem Mitarbeiter Ziele, die ihn auf Neuland führen.

Die Ziele sind qualitativ herausfordernd und erreichbar. Sie fordern insofern Anstrengung, als sie ein neuartiges Element einführen. Beide, Führungskraft und Mitarbeiter, kalkulieren das Risiko, das sie eingehen, falls der Mitarbeiter überfordert sein sollte und daher das Ziel nicht erreichen kann. Auf diese Weise ermöglicht die Führungskraft, dass der Mitarbeiter sukzessive Kompetenzen erweitert. Sie schließt dabei ein, dass er Fehler macht und bietet ihm an, aus seinen Fehlern zu lernen. Sie lebt sozusagen die Philosophie des begrenzten Risikos und behandelt Fehler als Chance, etwas besser zu machen.

Über allen Führungsaktivitäten schwebt Methode der Zielvereinbarung. Auch diese passt die Führungskraft dem jeweiligen Entwicklungsstand der Mitarbeitenden an. Die Spanne reicht von der Vereinbarung eines Tagesziels bis hin zu Jahreszielen – und bei Projektzielen sogar bis hin zu Mehrjahreszielen. In jedem Fall liefert die Führungskraft den Begründungszusammenhang sowie die Rahmenbedingungen mit. Sie erklärt, in welchen Kontext ein Ziel eingebunden ist. Sie erläutert, welche Rahmenbedingungen gelten und auf welche (Art von) Ressourcen zugegriffen werden kann. Mit einem Wort: Die Führungskraft leistet ihren Beitrag zu einem selbstständigen, zielführenden Arbeiten, indem sie die Ziele in übergeordnete Zielhorizonte, in Unternehmensstrategien und -politik einbettet und Rahmenbedingungen wie Spielräume kommuniziert.

In letzter Konsequenz betrachtet sich die Führungskraft als »graue Eminenz im Hintergrund«. Die Mitarbeitenden sind es, deren Tätigkeit auf der Bühne sichtbar wird. Erinnern wir uns: Das Laisser-faire steht am Ende der Mitarbeiterentwicklung oder des »Empowerments«. Die Führungskraft vereinbart Gesamtziele mit den Mitarbeitenden und verlässt sich darauf, dass diese bei gravierenden Problemen die notwendige Initiative ergreifen. Sie vertraut zudem darauf, dass die Mitarbeitenden in Eigenverantwortung und unter Nutzung der Teampower und des Netzwerks die Vereinbarungen einhalten. Das Laisser-faire-Führen schiebt die Mitarbeitenden ins Zentrum der Aktivität und Aufmerksamkeit, während die Führungskraft hinter der Kulisse die strategischen Fäden zieht. Im operativen Geschäft taucht sie nicht mehr auf, weil die Mitarbeitenden in der Lage und willens sind, eigenverantwortlich zu arbeiten. In diesem Sinn ist sie weniger sichtbar, und die Erfolge werden sowohl von ihr als auch von außen den Mitarbeitenden zugeschrieben. Die Laisser-faire-Führungskraft hat den Mut, sich im Prozess der Mitarbeiterführung an der Oberfläche »überflüssig« zu machen.

Die »Lorbeeren« dürfen diejenigen ernten, deren Arbeit die Ernte erst ermöglichte

Exkurs: Führen durch Zielvereinbarung – ein alter und ein neuer Hut

Die Führungsmethode »Führen durch Zielvereinbarung« erfreut sich neuerdings wieder einmal frischen Aufwindes. Ein Blick auf Artikel und Bücher – allein in den letzten zwei Jahren – demonstriert dies eindrucksvoll. Dabei ist das »Führen durch Zielvereinbarung«, kurz FdZ, ein alter Hut. Bereits in den 60er-Jahren predigte der »Management-Papst« Peter Drucker diese Methode und popularisierte sie in zahlreichen Abhandlungen und Vorträgen.

In Vergessenheit geriet diese Methode nie. Vielmehr haperte es am ernsthaften Bestreben, die Methode in der Praxis anzuwenden. Warum dies heute anders ist und in Unternehmen diese Methode neue Urständ feiert, sollen die nachstehenden Überlegungen beantworten.

Zunächst ist da der Zeitgeist, manchmal auch Mode genannt. Auf Unternehmen bezogen: Je nachdem, wie die Marktlage eingeschätzt wird, entpuppen sich Ideen als praktische Trendsetter – oder eben nicht.

Das Schicksal der Führungsmethode FdZ war in den 60er- und 70er-Jahren ein eher trauriges. Die Führungsdiskussion war beherrscht von dem Bemühen, den Arbeitsalltag zu vermenschlichen (Humanisierung des Arbeitsplatzes, soft factors), während die Führungspraxis versuchte, den Betrieb vor allem über organisatorische, strukturelle und technische Faktoren zu effektivieren. Der Praxisfokus lag auf den so genannten hard factors. In einem solchen praktischen Umfeld, in dem das Vertrauen der Technik und Formalia (Reglementierungen) galt, hatte ein Führungsinstrument, das auf Gespräch und Vereinbarung setzte und den Nimbus der Humanisierung trug, kaum eine Chance, ernsthaft breitflächig praktiziert zu werden.

Organisatorische, strukturelle und technische Faktoren bestimmten den Arbeitsalltag

Die 80er-Jahre und noch der Beginn der 90er-Jahre lenkten zunächst von dem Führungsinstrument FdZ ab. Sie betonten den Faktor Unternehmenskultur und, wenn auch weniger publikumswirksam, den der Unternehmensethik. In dieser Zeit wurden zwar die »weichen Faktoren« hervorgehoben, das Gespräch zwischen Managern und Mitarbeitenden etwa oder die symbolische Führung. Die Diskussion und die unternehmerischen Aktivitäten richteten sich allerdings insofern gegen die Methode des FdZ, als weniger »Führungstechniken«, sondern »Führungskompetenzen« bedeutsam wurden. Diese wurden mit Begriffen wie »soziale Kompetenz«, »emotionale Kompetenz«, »intuitive Kompetenz« und »visionäre Kraft« etikettiert. Gegen diese geballte Macht von Fähigkeiten verkümmerte das Führen durch Zielvereinbarung zu einer Marginalie, die bestenfalls als selbstverständlich unterstellt wurde.

Führungstechniken genügten immer weniger; soziale, emotionale und intuitive Kompetenzen gerieten in den Vordergrund

Das hat sich inzwischen geändert. Ob nun unter den Titeln »Leadership«, »Kaizen«, »Lean management«, »Benchmarking« oder »Teamwork« – oder unter Überschriften wie »Internationalisierung«, »Globalisierung«, »funktionale Differenzierung« oder »Komplexitätswachstum«: Die Bedingungen, unter denen geführt wird, haben sich drastisch geändert. Im Zusammenhang mit der Neuauflage der Methode des FdZ interessiert uns natürlich die Diskussion unter den neuen Vorzeichen. FdZ wird als ordnender Faktor, als Strukturierungshilfe sowie als Motivationsassistenz eingesetzt. Mit ihr wird nämlich die Hoffnung verbunden sowohl der Komplexität und dem gestiegenen Leistungsniveau Herr zu werden als auch Mitarbeitende dazu zu motivieren. Salopp formuliert liegt der Hauptgrund für die Renaissance darin, dass Unternehmensführer heute mit weniger Personal auskommen (zu) müssen (meinen) – und die Personen mit erhöhten Produktivitätserwartungen bedrängen. Schon aus dem bisher Gesagten folgt, dass Mitarbeiter aller Hierarchieebenen selbstständiger und eigenverantwortlicher arbeiten sollen, als es bis vor kurzem der Fall war. Schützenhilfe erhält dieses Anforderungstandem durch Diskussionen im Umkreis »richtigen« Motivierens: durch job-enlargement und job-enrichment, durch mehr Verantwortung und Selbstmotivation, aber keinesfalls durch Geld.

Die in aller Kürze skizzierten Entwicklungen bereiten nun den Boden dafür, dass das Führen durch Zielvereinbarung für die Führungspraxis neue Aktualität gewinnt. Diesmal eingebettet in wirtschaftliche Notwendigkeiten. Die Theory Y von McGregor muss dabei als humanisierende Verkleidung herhalten, um den eklatant gewachsenen Anforderungen ein annehmbares Aussehen zu verleihen. Trotz dieser ketzerischen Formulierung hat die Methode ihre konstruktive Funktion im Rahmen der Mitarbeiterentwicklung und des selbstverantwortlichen Arbeitens.

Die wirtschaftlichen Notwendigkeiten bestimmen das Führen durch Zielvereinbarungen

Was ist nun unter dieser Methode zu verstehen? Das Führen durch Zielvereinbarung betrifft beide Seiten: Unternehmen und Mitarbeitende. Die Zielvereinbarung selbst ist eine Übereinkunft, die in einem partnerschaftlichen Dialog erarbeitet wird. Aus der Perspektive des Unternehmens übernimmt die Methode die Funktion eines dynamischen Planungskonzeptes, das sämtliche Führungsebenen einschließt. Damit trägt sie dem Postulat nach ganzheitlicher Führung Rechnung. Führen heißt in diesem Zusammenhang: Prozess- und Ergebnissteuerung über Zielvereinbarung. Da sich die Unternehmensziele an den Bewegungen des Marktes und seiner Teilnehmer orientierten, unterliegen sie einer hohen Dynamik. Sie können also geändert werden. Diese Flexibilität stellen Führende und Geführte im Unternehmen durch Feedback-Schleifen sicher. Der Zielvereinbarungsprozess erfolgt top down und bottom up. Jedes Ziel ist hergeleitet aus den Unternehmenszielen und wird für die Hierarchieebenen, Bereiche, Teams und Mitarbeiter »heruntergebrochen« (operationalisiert). Die Zielvereinbarung gleicht einem ständigen Adaptions- und Koordinationsfluss zwischen strategischen und operativen, bereichsweiten und individuellen Zieldefinitionen. Die Kongruenz wird dank einer durchgängigen Kommunikation von Zielabsprachen gesichert. Prozess- und Ergebnissteuerung verlangen folglich, die individuellen Beiträge auf Unternehmensziele hin zu fokussieren sowie die Einzelbeiträge im Hinblick auf das Interesse des Unternehmens hin zu bündeln.

Prozedere der Zielvereinbarung

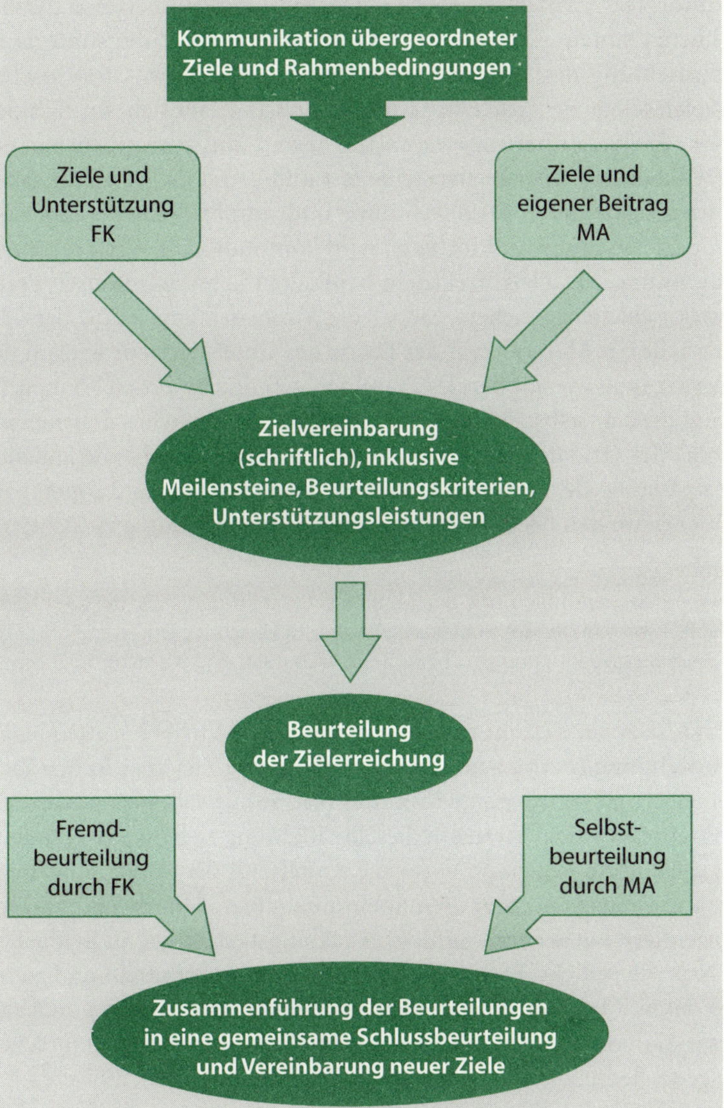

Auf die Dimension der Mitarbeiterführung übertragen, handelt es sich beim Führen durch Zielvereinbarung um eine Vereinbarungskultur. Das Prozedere sieht vor, dass Führende und ebenso die Geführten stufen-, kompetenz- und aufgabengerecht die strategische Ausrichtung des Unternehmens kennen. Aus diesen strategischen Zielen leiten sie Ziele (für Gruppen und Einzelne) ab. Im Rahmen der Zielvereinbarungsgespräche legen die Gesprächspartner Zwischenziele oder Meilensteine fest und damit die Bewertungskriterien sowie die Kontrollzeiträume und -punkte. Jede Veränderung von Zielen und von Prioritäten wird kommuniziert. Auch diese Abstimmung, die Zielkorrekturen beinhalten kann, wird durch Feedback-Schleifen gesichert. Sie ist die Voraussetzung dafür, dass die Vorteile der Methode auf der Ebene des Unternehmens wie auf der der Gruppe wie auf der des Einzelnen garantiert werden können. Es sind dies: a) selbstständiges und eigenverantwortliches Arbeiten infolge der Orientierung an strategischen Zielen und b) die laufende Anpassung der Prozesse zwischen strategischer und operativer Ebene, um den Gleichlauf, das Ziehen in eine Richtung zu sichern.

Wer sich ausführlich mit der Methode beschäftigen möchte, kann beispielsweise folgendes Buch lesen: Berkel, Karl/Lochner, Dorette: »Führung: Ziele vereinbaren und coachen«. Beltz, Weinheim und Basel 2001.

Fazit: Das Führen durch Zielvereinbarung kann bei konsequenter Anwendung (permanente Rückkopplung von Zielen zwischen Zielebenen und transparente Kommunikation) gewährleisten, dass alle Akteure an einem Strang in dieselbe Richtung ziehen. Für Führende wie Geführte liegen die Vorteile ebenfalls auf der Hand: Führungskräfte werden in ihrem Bemühen unterstützt, Mitarbeiter stärkenorientiert einzusetzen und Entwicklungsbedarf im individuellen Gespräch mit den Betroffenen zielorientiert zu ermitteln und zu realisieren. Mitarbeitende werden zu erhöhter Partizipation angehalten. Sie erhalten die Möglichkeit, in Zielvereinbarungsgesprächen eigene Bedürfnisse zu thematisieren. Führen durch Zielvereinbarung leistet folglich einen Beitrag dazu, das Reden über mündige oder selbstständige Mitarbeiter in die Tat umzusetzen. Der Fokus der Vereinbarung liegt auf Zielen und den Beiträgen, sie zu verwirklichen. Der Weg dorthin, also die Methoden und Verfahren, die jemand anwendet, sind innerhalb definierter Rahmenbedingungen freigestellt. Dadurch gewinnen Mitarbeitende Spielräume und gleichzeitig die Chance, eigenverantwortlich zu agieren und persönliche Potenziale zu entfalten. Es lohnt sich also für alle Parteien, den alten Hut neu aufzusetzen.

Systematik des »Führen durch Zielvereinbarung« im Unternehmenskontext

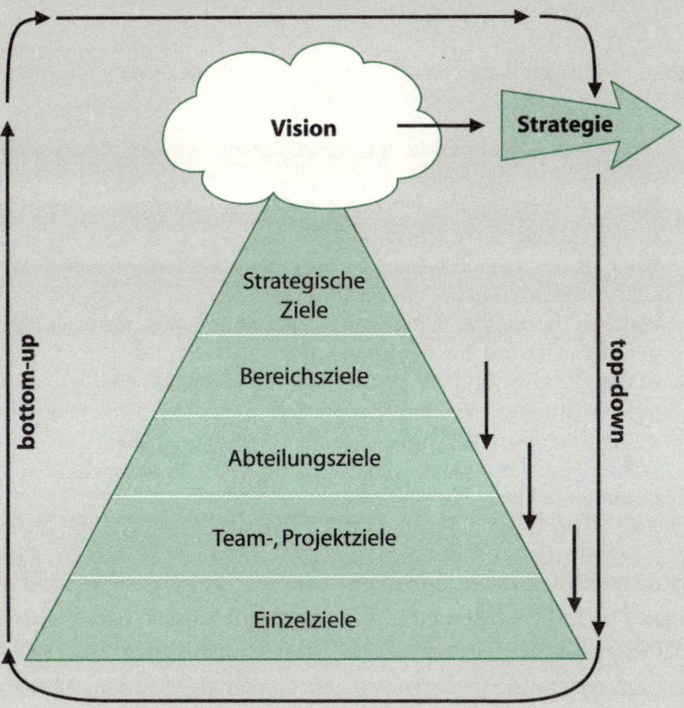

Wollen Sie über Ziele oder Zielvereinbarung führen, sollten Sie genau wissen, welche Kriterien erfüllt sein müssen, wenn Sie ein Ziel formulieren. Hier die zentralen Ziel-Kriterien:

INFO

Qualitative und quantitative Ziel-Kriterien

Ein Ziel ist

- ergebnisbezogen: es beschreibt ein Resultat,
- überprüfbar: es ist kontrollierbar,
- zeitgebunden: es ist terminiert,
- herausfordernd: es verlangt besonderen Einsatz,
- realistisch: es ist erreichbar,
- eingeordnet und ableitbar: es geht aus einem übergeordneten Zielzusammenhang logisch hervor.

Auf der »sicheren Seite«, ein Ziel formuliert zu haben, sind Sie, wenn Sie bzw. der Mitarbeitende auf folgende Fragen antworten können:

- Was genau soll am Ende der Arbeit stehen? Was soll das Ergebnis sein?
- Woran erkenne ich, dass ich das Ziel erreicht habe bzw. inwiefern ich es erreicht oder nicht erreicht habe?
- Wann ist der genaue Termin, zu dem die Arbeit fertig sein soll? Welcher Zeitraum steht mir zur Verfügung?
- Welchen besonderen Einsatz muss ich bringen, was muss mir gelingen, damit ich das Ziel erreichen kann?
- Ist das Ziel entscheidend, hauptsächlich von meinem Beitrag abhängig? Liegt seine Erfüllung maßgeblich in meinem Einflussbereich? Wo sind Schnittstellen, um die ich mich kümmern muss?
- Warum oder wozu muss ich das Ziel erreichen? Zu welchem übergeordneten Ziel ist es ein wesentlicher Beitrag?

Führungskräfte können nur so gut sein, wie die Mitarbeitenden mitziehen. Das trifft selbstverständlich auch auf Laisser-faire-Führende zu. Und aus dem gleichen Grund ist es sinnvoll, sich zu vergegenwärtigen, welche Anforderungen ein Laisser-faire-Stil an Mitarbeitende stellt. Denn schließlich gehören sie zu den wichtigsten Erfolgsfaktoren des Laisser-faire-Führens.

Übung

Bevor Sie weiter lesen, überlegen Sie bitte, welche Anforderungen Mitarbeiterinnen und Mitarbeiter an sich selbst stellen bzw. mit welchen Erwartungen sie konfrontiert werden, sobald sie Laisser-faire geführt werden möchten.

Im Rahmen Ihres vorangegangenen Nachdenkens haben Sie gewiss bemerkt, dass sich die Anforderungen und Erwartungen überschneiden. In Ihrer Liste finden sich wahrscheinlich folgende innere Dispositionen, Ambitionen und Handlungsausrichtungen:

- Mitarbeitende, die Laisser-faire geführt werden möchten, sind intrinsisch motiviert.
- Sie streben an, sich aus einem Mitarbeiterstatus zu emanzipieren, der sie mehr oder weniger zu ausführenden Organen »degradiert«.
- Sie haben von sich eher das Bild eines personifizierten »Competence Centers«.
- Ihr Ehrgeiz richtet sich darauf, als Mitgestalter zu agieren, bei strategischen Fragen qualifiziert mitzuwirken und an Entscheidungsprozessen beteiligt zu werden.
- Ihr Ziel ist es, selbstständig und eigenverantwortlich zu arbeiten.
- Diese Autonomie beziehen sie sowohl auf ihre Arbeitsorganisation, ihre Leistung und Kooperation mit anderen als auch auf ihre fachliche, soziale und methodische Kompetenz.
- Da sie sich als Unternehmer im Unternehmen betrachten, stellen sie an sich und ihren Einsatz hohe Ansprüche.

- Deutlich wird dies daran, dass es ihnen ein Anliegen ist, die Philosophie der kontinuierlichen Verbesserung zu leben. Das bedeutet: Sie suchen in ihrem Arbeitsumfeld ständig nach Effektivierungsreserven und Möglichkeiten, Prozesse zu verbessern. Dabei haben sie sowohl ihren unmittelbaren Verantwortungsbereich und die Rahmenbedingungen im Blick als auch die strategische Ausrichtung des Unternehmens.

Zwei Komponenten im Repertoire der Anforderungen verdienen besondere Beachtung, weil sie aufeinander verweisen: die Handlungsausrichtung auf Selbstverantwortung und Autonomie sowie die Ausbildung von Sozialkompetenz. Mitarbeitende, die gern Laisser-faire geführt werden möchten, programmieren sich mental auf Eigenständigkeit oder weitestgehende Selbstbestimmung. Dabei wissen sie selbstverständlich, dass sie auf die Zusammenarbeit mit Kolleginnen, Kollegen und anderen Personen sowie Bereichen angewiesen sind und von diesen lernen können. Mit diesem Wissen tragen sie dem Umstand Rechnung, dass ein Ziel nur in der Vernetzung mit den Zielen anderer erreicht werden kann. Folglich benötigen sie soziale Kompetenzen, die ihnen eine fruchtbare Kooperation ermöglichen. Unter diesen kommunikativen Fähigkeiten im Umgang mit anderen sind Kritik- und Konfliktfähigkeit besonders wichtig.

Selbstverantwortung und soziale Kompetenz spielen eine große Rolle

Kritikfähigkeit zielt in zwei Richtungen: in die eigene und in die fremde. Wird ein Mensch mit Kritik konfrontiert, zeichnet sich Kritikfähigkeit dadurch aus, dass er den Tadel und/oder die Vorschläge, wie er etwas verbessern kann oder sollte, annehmen kann, und zwar ohne sich persönlich angegriffen zu fühlen. Im Gegenteil: Er versteht Kritik als Feedback, das ihm die Chance eröffnet, zum einen etwas über sich zu erfahren und zum anderen etwas gezielt zu verändern. Umgekehrt achtet er, sobald er andere kritisiert, darauf, dass Korrekturwünsche in annehmbarer Weise formuliert werden. Die anderen sollen sich durch die Kritik nicht attackiert fühlen, sondern sie als konstruktive Anregung begreifen können.

Dialektik konstruktiver Konfliktbehandlung

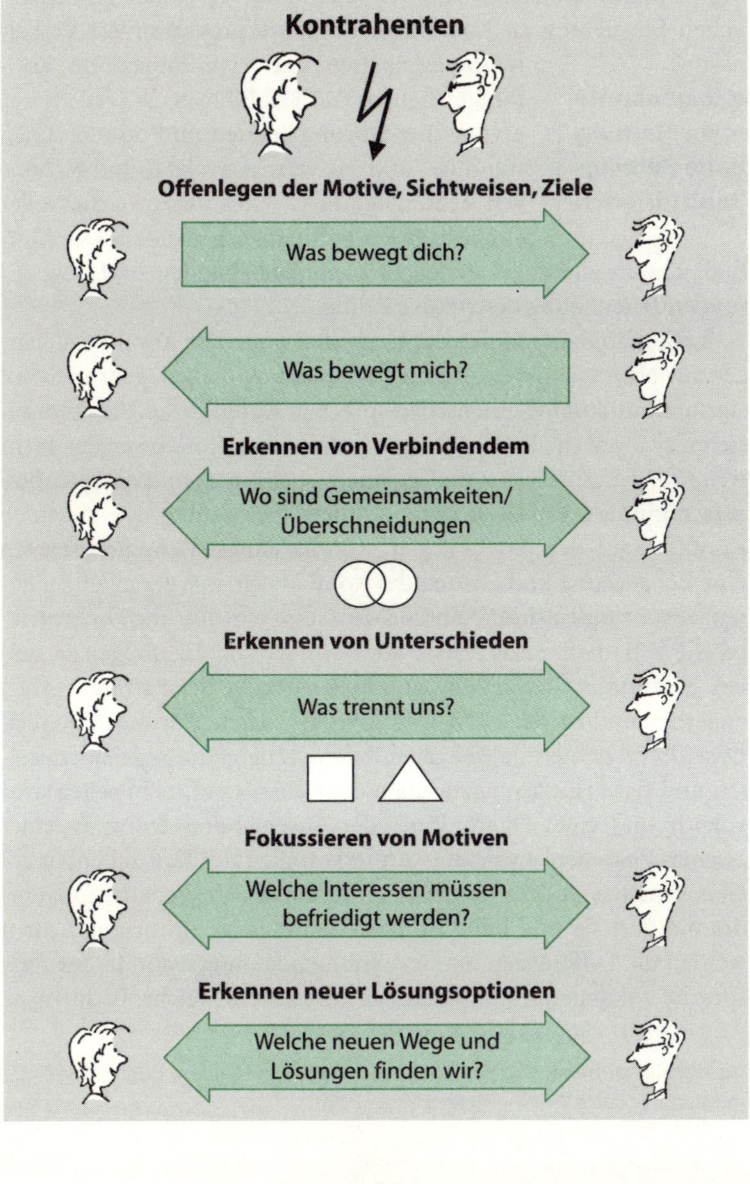

Ebenso wie die Fähigkeit, mit Kritik konstruktiv umgehen zu können, gilt Konfliktfähigkeit heute als Schlüsselkompetenz. Konfliktfähig zu sein, manifestiert sich vor allem anderen in der grundsätzlichen Einstellung zu Konflikten. Denn sie programmiert Verhaltensbereitschaften und Handlungen im Konfliktgeschehen. Wer Konflikte prinzipiell als unerwünschte Störung begreift und/oder in ihnen unnötige und zu vermeidende Unterbrechungen sieht, neigt dazu, ihnen auszuweichen oder ein »Machtwort« hinauszuposaunen. Der Konflikt schwelt allerdings weiter. Er bleibt unbehandelt und ungelöst und entfaltet häufig destruktive Kräfte.

Die so genannte Win-win-Haltung stellt alle Beteiligten zufrieden

Lebt man dagegen mit der Grundhaltung, dass Konflikte Chancen für Neues, anderes und für Verbesserung bergen, geht man auf sie zu. Konfliktfähige Menschen sprechen Konflikte an. Sie thematisieren sie, weil sie der Überzeugung sind, dass »Totschweigen« nicht weiter bringt, sondern – im Gegenteil – behindert und die Situation verschlimmert. Dabei ist es ihnen nicht gleichgültig, wie sie einen Konflikt »auf den Tisch« legen. Konfliktfähige Menschen streben eine Behandlung und Lösung des Konflikts an, mit der alle Beteiligten einverstanden sind. Während der Gesprächsführung konzentrieren sie sich in der ersten Phase des Gesprächs darauf, Fragen zu stellen. Sie tun dies in der Absicht, die Perspektive der Partner kennen zu lernen und zu verstehen, was diese aus welchen Gründen bewegt. Deshalb verzichten sie weitgehend darauf, Behauptungen aufzustellen und Bewertungen abzugeben, denn dies wirkt nicht selten provokativ und gießt Öl ins Feuer der Auseinandersetzung. In einer zweiten Phase lenken sie die Aufmerksamkeit der Kontrahenten auf Gemeinsames und Verbindendes. Das entschärft die Situation, entdramatisiert sie und kühlt erhitzte Gemüter ab. Im dritten Schritt werden die Differenzen und das Trennende untersucht. In der Aussprache fokussieren konfliktfähige Menschen, welche Bedürfnisse

Ausführlicher behandelt finden Sie das Thema in meinem Buch: »Konflikte managen«, Beltz, Weinheim und Basel 2000.

oder Interessen mit welchen Zielen verbunden sind – und halten Ausschau nach Alternativen. Die dafür relevante Frage lautet: Welche neuen oder anderen Möglichkeiten gibt es, die Bedürfnisse der Kontrahenten zu befriedigen? – Kurzum: Konfliktfähigkeit manifestiert sich darin, in der Austragung eines Konfliktes in erster Linie die Vorteile zu sehen und sich so zu beteiligen, dass für alle Beteiligten eine tragfähige Lösung dabei herauskommt.

Selbstbild einer Laisser-faire-führenden Führungskraft

Es gibt Führungskräfte, die nach der Devise führen: »Die Einen kennen mich – die anderen können mich«. Das heißt nichts anderes als: »Entweder man akzeptiert mich so, wie ich mich gebe – oder eben nicht.« Diese Haltung erkennen Sie daran, dass die Person wenig Mühe aufwendet, sich auf den Partner einzustellen. In der Führung hat sich die Person auf einen Stil festgelegt und praktiziert diesen, gleichgültig, wie weit ein Mitarbeiter in seiner »Reife« (s. Situatives Führen) ist. Das Selbstbild, das in dieser Einstellung zum Ausdruck kommt, beschreiben diese Personen häufig so: »Ich will mir selbst treu bleiben und mich nicht verstellen«. Das ist die eine Lesart. Die andere erscheint weniger schmeichelhaft, denn sie besagt: Eine Führungskraft, die nach diesem Motto der »eindeutigen« Identität führt, ist wenig flexibel. Sie weigert sich, empathisch zu sein, das eigene Verhalten auf den Mitarbeiter abzustimmen. Welche Konsequenzen das zur Folge haben kann, haben wir bereits diskutiert.

Laisser-faire zu führen geht einher mit der Bereitschaft, sich flexibel auf Mitarbeiter einzustellen

Unseren bisherigen Ausführungen zum Laisser-faire-Führen können Sie entnehmen, dass eine Führungskraft, die diesen Stil praktiziert, bereit und fähig sein muss, Stil- und damit Rollenwechsel vorzunehmen. Die Laisser-faire-führende Führungskraft begreift sich selbst als Assistent und Katalysator für Mitarbeiter-Entwicklung. Ihr Glaubenssatz oder ihre Überzeugung ist, dass sie Mitarbeitende nur dann dabei unterstützen kann, Potenziale zu entwickeln und »ihr Bestes« zu geben, wenn sie den individuellen Status quo berücksichtigt. Als Assistent klärt sie mit den Mitarbeitenden, wo diese ihre Fähigkeiten sehen und inwiefern diese Selbsteinschätzung sich mit den Beobachtungen der Führungskraft deckt. Sie unterstützt den Einzelnen darin, diejenigen Kompetenzen auszubilden, von denen er überzeugt ist, dass sie in ihm stecken, also als Potenziale vorhanden sind.

In der Funktion als Katalysator ermuntert die Führungskraft Mitarbeitende dazu, etwas auszuprobieren. Hier sieht die Führungskraft verborgene Stärken und ermutigt dazu, diese an die Oberfläche zu befördern und zu entfalten. In beiden Rollen, in der der Assistenz und in der des Katalysators, geht die Führungskraft in ihrer Art des Führens von dem Entwicklungsstand der Mitarbeitenden aus. Sie knüpft an vorhandene Fertigkeiten an und konzipiert die alltägliche Führung in Form von Zielvereinbarungen. Dabei achtet sie darauf, dass die Ziele herausfordernd sind. Dies sind sie dann, wenn Mitarbeitende bisher noch kaum genutzte Fähigkeiten mobilisieren müssen, um die Ziele zu erreichen.

Die Führungskraft begreift sich als »Coach«

Die Laisser-faire-Führungskraft konzipiert ihr Wirken als Forderer und Förderer, neudeutsch: als Coach. Sie orientiert sich an dem Selbstbild, eine Art Erzieher zu sein und entwirft den Führungsprozess als Vorgang des Erziehens, und zwar zu Selbstständigkeit. Aus diesem Grund ist sie bereit, die Mitarbeitenden dort abzuholen, wo diese in ihrer Entwicklung stehen und ihren Führungsstil entsprechend zu wählen.

Bei alldem gibt die Führungskraft in ihrem Selbstbild nicht vor, altruistisch zu sein und alles nur zum Wohl der Mitarbeitenden zu tun. Denn sie sieht sich durchaus, etwas provokativ formuliert, zu Höherem berufen. Damit ist gemeint, dass sie ihr eigentliches und bevorzugtes Wirkungsfeld weniger in der Mitarbeiterführung lokalisiert, als vielmehr darin, bei strategischen bis visionären Weichenstellungen dabei zu sein, die das Unternehmen vorwärts bringen. Deshalb ist für sie das Delegieren ein wichtiges Anliegen. Gute Mitarbeiterführung hat für sie den Zweck, die eigene »Bestimmung« verwirklichen zu können. Je eigenverantwortlicher und zielbezogen effektiver die Mitarbeitenden arbeiten, desto eher kann die Führungskraft ihr persönliches Ziel realisieren, als Stratege und Visionär zu fungieren. Woraus folgt, dass es Selbstbilder gibt, die sowohl der Führungskraft als auch den Mitarbeitenden zu Gute kommen!

Auswirkungen des Laisser-faire-Führens auf die Mitarbeiter

Übung

Resümieren Sie bitte die Auswirkungen, die das Laisser-faire-Führen auf die Crew der Mitarbeitenden hat.

Ich nehme an, Sie haben auf jeden Fall diese Auswirkung notiert: Sie werden je nach »Begabung« gefordert und gefördert. Mit diesem Satz haben wir zusammengefasst, wie sich das Laisser-faire auf den einzelnen Mitarbeiter bzw. die Mitarbeiterin niederschlägt. Die Begründung haben wir bereits in den obigen Erläuterungen geliefert, sodass wir uns dem Teamaspekt zuwenden können.

Das professionell eingeleitete und praktizierte Laisser-faire-Führen schafft letztendlich ein vertrauensvolles und offenes Klima der Kommunikation und Zusammenarbeit. Voraussetzung dafür ist, dass die Führungskraft ausdrücklich deklariert, wie sie zu führen gedenkt, was das im Arbeitsalltag bedeutet und warum sie das tut. Sinn dieser Erklärung ist, dass die Mitarbeitenden in die Lage versetzt werden, zu wissen, was sie erwarten können und was nicht. Zugleich können sie nachvollziehen, warum die Führungskraft situations- und mitarbeiterspezifisch die Art ihres Führens wechselt. Mitarbeitende begreifen, warum die Führungskraft bei dem Einen häufig interveniert und beim anderen nicht.

Mit Mitarbeiterin Ingeborg vereinbart die Führungskraft, dass sie ein Projekt leitet, das in vier Jahren endet. Das Projektziel soll also in vier Jahren realisiert sein. Die einzige Kontrolle, die die beiden vereinbaren, besteht darin, dass Ingeborg die Führungskraft informiert, sobald entscheidende Schwierigkeiten auftauchen. Die beiden verabreden außerdem einen Statusbericht am Ende des ersten Jahres. – Ganz anders bei Mitarbeiter Andreas: Mit ihm vereinbart die Führungskraft ein Jahresziel. Da Andreas mit diesem Ziel zahlreiche, neuartige Aufgaben übernimmt, stimmen die beiden ab, dass sie sich fürs Erste im Intervall von zwei Wochen zusammensetzen, um den Verlauf, die Fortschritte und Schwierigkeiten zu besprechen. Sie kommen außerdem überein, dass sie die Feedback-Schleifen zeitlich auseinanderziehen, sobald Andreas sich sicher genug fühlt.

Beide – Führungskraft und Mitarbeitende – haben einen Nutzen von dieser »Deklaration des Führungsstils«. Sie stellt Erwartbarkeiten und Verbindlichkeit auf beiden Seiten her.

Die Führungskraft läuft weniger Gefahr, dass die Mitarbeitenden ihre Rollenwechsel als willkürlich, spontan, chaotisch werten – und damit, dass die Mitarbeitenden die Chefin oder den Chef nicht respektieren können. Dadurch, dass das Führungshandeln nachvollziebar ist, kommt die Führungskraft zudem nicht so schnell ins Gerede, unfair zu sein: Mitarbeitende fühlen sich weniger schnell »vernachlässigt« bzw. finden Kollegen weniger schnell »bevorzugt« und die Führungskraft »ungerecht« – nur, weil diese weniger mit den einen und mehr mit den anderen Kollegen spricht. Mitarbeitende wissen und vertrauen darauf, dass diese unterschiedliche Behandlung in erster Linie in der Führungsphilophie wurzelt und nichts mit privaten Sympathien und Antipathien zu tun hat.

Aus der Perspektive der Mitarbeiten betrachtet, gewinnen sie Verhaltenssicherheit. Mitarbeitende können begründetermaßen davon ausgehen, dass das Risiko, unter- oder überfordert zu werden, gering ist. Sie wissen, dass die Führungskraft intendiert, das Leistungsniveau den faktischen Kapazitäten des Einzelnen anzupassen. Eine institutionalisierte Gelegenheit, die eigene Sicht der Dinge kundzutun, haben die Mitarbeitenden in den Zielvereinbarungsgesprächen. Hier finden sie sich nicht nur autorisiert, sondern von der Führungskraft aufgefordert, nur solche Vereinbarungen einzugehen, die sie einzuhalten vermögen. – Mitarbeitende gewinnen aus der »Deklaration der Führungsphilosophie« zudem Vertrauen und Bewertungssicherheit. Das obige Beispiel demonstriert diesen Punkt. Mitarbeitende kennen die Implikationen der Führungsüberzeugung und -praxis ihres Chefs oder ihrer Chefin. Insofern verfügen sie über den normativen Kodex, um Verhaltensweisen auf ihre Kongruenz mit der Führungsphilosophie zu überprüfen. Der Kodex liefert Gebotenes und Verbotenes und markiert Toleranzrahmen. Er dient den Mitarbeitenden somit auch als Referenz, um sich darüber klar zu werden, welche Art des Verhaltens erwartbar ist und »passt« und welche nicht.

Die Mitarbeiter werden leistungsgerecht gefordert und gefördert

Kurzum: Professionelles, also gekonntes und systematisches, bewusstes wie zielführendes Laisser-faire-Führen schafft Sicherheit und Vertrauen und erschwert Eifersüchtelein und Geheimniskrämerei. Den Anfang macht die Führungskraft. Sie kommuniziert ihren

Mitarbeitenden, welche Absichten sie mit ihrer Art zu führen verfolgt und welche Vorstellungen von »guter Führung« sie dabei leiten. In diesem Angebot, ihr Führungshandeln nachvollziehbar zu machen, legt sie den Grundstein für offene Kooperation und die Entwicklung eines Gefühls der Zusammengehörigkeit. Offen verläuft die Zusammenarbeit, weil jeder weiß, dass er gefördert wird – und daher Fehler nicht zu vertuschen, sondern als Lernchance zu behandeln sind. Offen auch insofern, als die Mitarbeitende durch ihr Vertrauen in die Fairness der Führung einander helfen, anstatt sich auf Kosten anderer zu profilieren. Schon diese zwei Komponenten schweißen zusammen. Die Arbeitskultur lässt Kollegialität und Teamgeist zudem dadurch wachsen, dass sich die Akteure wohl fühlen: Weil sie ihre Arbeit gut machen und Erfolge verzeichnen (»Wir machen einen guten Job«) und weil der Umgang untereinander (aus besagten Gründen) unkompliziert, aufrichtig und direkt ist.

Die Führungskraft kommuniziert ihre Philosophie und Erwartungen in der Führung

Wenn Sie sich entschließen, Laisser-faire zu führen ...

.... dann haben Sie sich viel vorgenommen. – Ähnlich viel, übrigens, wie beim situativen Führen. Die Bereitschaften und Fähigkeiten, über die wir dort gesprochen haben, gelten weitgehend auch hier, potenzieren sich beim Laisser-faire allerdings.

Die innere Bereitschaft, sich von der Bühne des operativen Geschäfts und der Erfolge zurückzuziehen, muss definitiv entschieden sein. Beim Laisser-faire visieren Sie ja an, auf einer anderen Bühne zu tanzen: auf der der Strategien und Visionen des Unternehmens. Hier bleibt Ihr Wirken viel eher im Dunkeln, und Erfolge sind selten zu feiern, weil beide Komponenten auf Zukünftiges gerichtet sind. Wenn Sie also viel Anerkennung von außen (Vorgesetzte, Kollegen, Mitarbeitende) brauchen, dann ist dieser Führungsstil eine extreme Herausforderung für Ihr Selbstwertgefühl!

In diesen Rahmen gehört ein weiterer Gedanke. Beim situativen Führen schreiben Sie sich Flexibilität auf die Fahne – eine Flexibilität, die die Heterogenität der Mitarbeitenden (ihrer »Reife«) spiegelt. Es sind Ihre Mitarbeitenden, die Ihnen diktieren, welchen Stil Sie anwenden, nicht Ihre Ideologie oder Überzeugung. Sie beurteilen und führen programmatisch laufend situativ und führen deshalb einmal so, ein anderes Mal so. Beim Laisser-faire legen Sie sich in gewisser Weise auf ein Ziel und damit auf einen Stil fest, nämlich grundsätzlich alle Mitarbeitenden Laisser-faire zu führen. Sie wollen Laisser-faire-Führen – und sonst nichts. Die anderen Stile sind Ihnen nur Mittel zum Zweck, Instrumente auf dem Weg, Ihre Führungsphilosophie leben zu können. Dazu benötigen Sie besonders ausgebildete und sozial kompetente, verantwortungsvolle Mitarbeitende – und aus diesem Grund nutzen Sie alle Tasten auf dem Klavier der Führungsstile.

Laisser-faire-Führen fordert viel Selbstvertrauen

Nicht zuletzt deshalb ist es ratsam, sich Rechenschaft darüber ablegen, warum man diesen Stil präferiert. Ihre Antwort gibt Aufschluss nicht nur über Ihre Motivation, sondern auch über Ihre Entschiedenheit und Ihr Durchhaltevermögen. Nehmen wir an, Sie sagen: »Laisser-faire finde ich prima, weil ich mich schön zurücklehnen und es mir gemütlich machen kann. Die Leute arbeiten ja hervorragend, sodass ich guten Gewissens an sie delegieren kann.« Nun, Faulheit kann ein enormer Motivator für Laisser-faire sein, aber er allein vollbringt nicht, dass Laisser-faire professionell, kompetent und verantwortungsvoll praktiziert wird. Wenn Sie also aus den im Beispiel genannten Gründen Laisser-faire-führen möchten, scheint ein maßgeblicher Grund zu sein, dass Sie, überspitzt gesagt, eine ruhige Kugel schieben wollen. Tja, Pech gehabt. Sie werden nicht durchhalten, denn Sie lassen einen zentralen Gesichtspunkt außer Acht: Laisser-faire-Führen geht harte Arbeit voraus. Sie müssen die Mitarbeiter erst dahin entwickeln helfen, dass diese in der Lage sind, eigenständig zu arbeiten, große Aufgaben zu übernehmen und erfolgreich abzuschließen.

Laisser-faire ist ein hartes Stück Arbeit

Vierfelder-Matrix zur Überprüfung der eigenen Neigungen

	Anforderungen, die ich erfülle	Anforderungen, die ich nicht erfülle
Anforderungen, die ich erfüllen möchte	positiv erledigt: bereits im aktiven Repertoire	pendent: werde ich bearbeiten, entwickeln
Anforderungen, die ich nicht erfüllen möchte	zu löschen: zwar in meinem Repertoire, gefallen mir aber nicht	kein Thema: brauche und möchte ich nicht

Aussichtsreicher ist da zweifellos die Motivation, a) Mitarbeitenden Erfolgserlebnisse, die sie aus eigener Kraft generieren, zu ermöglichen und b) sich als Stratege und Visionär zu qualifizieren und zu betätigen.

Meine Anregung: Überprüfen Sie anhand unserer Ausführungen aus allen Abschnitten, inwiefern Ihnen das Laisser-faire als Führungsideologie und Wegweiser für Ihre Führungspraxis tauglich erscheint. Fertigen Sie eine Checkliste an: Anforderungen, die Sie erfüllen auf die eine Seite, Anforderungen, diejenigen die Sie nicht erfüllen, auf eine andere. Sie können aber auch anders differenzieren, um sich über Ihre Motivation und Ihren Status quo klar zu werden: Unterscheiden Sie zwischen Anforderungen oder Implikationen, die Sie bereits erfüllen und auch erfüllen möchten, zwischen jenen, die sie erfüllen möchten, aber noch nicht erfüllen; jenen, die sie bereits erfüllen, aber nicht erfüllen möchten und jenen, die Sie weder erfüllen noch erfüllen möchten. Wenn Ihnen Schemata helfen, können Sie ein Vierfelder-Schema zeichnen.

Auch wenn die Überlegungen Sie noch nicht zu einer dezidierten Entscheidung geführt haben: Sie haben über sich in vertiefter Weise nachgedacht und wissen dadurch bereits ein wenig mehr über das, was Sie eher wollen und das, was Sie weniger wollen.

Kapitel 5: Das systemische Führen

Umfeld und Bedeutung

Im Verlauf der 80er-Jahre des 20. Jahrhunderts erfreute sich das systemische Paradigma oder die systemische Logik in Fragen der Unternehmens- und Mitarbeiterführung großer Popularität. Die Begriffe »systemisch«, »evolutionär«, »ganzheitlich«, »selbstorganisiert« und »vernetzt« tauchten inflationär auf: sowohl in der Führungspraxis wie auch in schriftlichen Diskursen, die sich mit der Frage moderner Führung befassten.

Zunächst einige knappe Bemerkungen zum theoretischen Hintergrund: Bevor das Denken in Kategorien des (autopoietischen, selbstorganisierten) Systems, der Ganzheitlichkeit, des Evolutionären und der Vernetzung in wirtschaftliche Zusammenhänge übertragen wurde, vergingen immerhin fast 20 Jahre. Die Herkunftsorte des modernen Systemdenkens liegen in Physik und Biologie, insbesondere in der Kybernetik (durch die Presse bekannt geworden durch etwa Manfred Eigen, Herman Haken (Synergetik), Umberto Maturana). Eine der ersten Wissenschaften, die die neue Variante systemtheoretischen Denkens adaptierten, ist die Soziologie (insbesondere Niklas Luhmann). Als »Übertragungsmedien« in die breite Öffentlichkeit fungierten die »neuen sozialen Bewegungen«, die »das neue Zeitalter«, auch das »Wassermann-Zeitalter« genannt, auf ihre Fahnen schrieben. Inzwischen ist das Systemparadigma in nahezu alle Wissenschaften eingedrungen, besonders in die Psychologie und Psychiatrie (Pionier die Gruppe um Gregory

Das systemische Denken entstammt der Physik, der Biologie und der Kybernetik

Bateson). Direkte Verbindung zu Themen der Unternehmensführung haben Peter Ulrich und Gilbert J. B. Probst (mit Kollegen) hergestellt. Der Erstgenannte, Peter Ulrich, gilt als einer der Vorreiter, die gezeigt haben, dass das Systemdenken für betriebswirtschaftliche Fragestellungen bedeutsam ist. Probst gehört mit anderen (wie Peter Gomez) zu jenen Personen, die diesen Ansatz weiterentwickelt und in praxi erprobt haben. Frederic Vester, Biochemiker, ist wahrscheinlich der bekannteste Vernetzungstheoretiker. Ihm verdanken wir nicht nur zahlreiche didaktisch geschickt aufgebaute Erklärungen systemischen Denkens, sondern auch das Spiel »Ökolopoly« (als Brett- und elektronische Version erhältlich). Das Spiel lädt dazu ein, selbst auszuprobieren, inwieweit man »komplexe« Situationen in die gewünschte Richtung steuern kann. Es geht darum, durch zirkuläres Denken Wechselwirkungen oder Vernetzungen so zu lenken, dass der anvisierte Effekt erzielt wird. (Meine Erfahrungen in Trainings mit Führungskräften sind die: Entweder die Regierung wurde abgesetzt oder ging schlicht pleite!)

Systemisches Denken und Handeln fokussiert »Komplexität«

Wir sind mitten im Thema: Das neue Bild von Führung (von Unternehmen wie von Mitarbeitenden) verabschiedet sich von lieb gewonnenen Traditionen im Denken und Handeln. Wir beschränken uns in den folgenden Betrachtungen auf die Thematik Mitarbeiterführung. Schließlich haben Sie zu diesem Buch gegriffen, um einen kurz gehaltenen und pragmatischen Überblick zu gewinnen.

> Für jene unter Ihnen, die sich in das Thema vertiefen möchten, empfehle ich mein Buch: »Selbsttraining für Führungskräfte«. Dort finden Sie auch weitere Literaturhinweise.

Zurück zum Ausgangspunkt systemisches Führen. Wieso, werden Sie fragen, wird das ab den 80er-Jahren verstärkt zu einem Thema in der betrieblichen Praxis? Und was ist das Besondere an diesem Führungsverständnis?

Um diese Fragen nachvollziehbar zu beantworten, müssen wir ein wenig ausholen. Wir werfen einen Blick auf das gesellschaftliche Umfeld und schälen heraus, welche Veränderungen für das Führungshandeln relevant wurden. Sodann klären wir einige zentrale Begriffe, um diese in einem dritten Schritt auf die Führungstätigkeit anzuwenden.

Wenn es wissenschaftlichen Theorien gelingt, in den Alltag einzumarschieren und dort das Denken und Handeln zu beeinflussen, hat das praktische Gründe. Und die wurden breite(re)n Bevölkerungsschichten insbesondere in den 80er-Jahren bewusst. Um nur die plakativsten Aspekte zu nennen: Die gesellschaftspolitische Diskussion drehte sich zunehmend um die Frage nach der Beherrschbarkeit technischer oder technologischer Entwicklungen. Die Angst ging um, Folgen hervorzurufen, die man nicht wollte, etwa die Ausbeutung nicht erneuerbarer Ressourcen. Die Ölkrise in den 70er-Jahren sowie die wirtschaftlichen Krisenzeichen verstärkten die Kritik am reinen Zweck-Mittel-Denken, auch »technologische Rationalität« genannt. Über die »Grenzen des Wachstums« wurden ebenso hitzig und kontrovers debattiert wie über die Umkehrbarkeit destruktiver Konsequenzen des dominanten Wirtschaftens.

Gesellschaftliche Entwicklungen und die Zunahme von Komplexität machten das Systemdenken populär

In Unternehmen standen Führungskräfte in wachsendem Maße vor der Schwierigkeit, wirtschaftliche Entwicklungen prognostizieren und Investitionen sicher gewinnbringend tätigen zu können. Zum einen expandierte die Welt, in der das eigene Unternehmen tätig war. Zum anderen – als zweite Seite derselben Medaille – zog die funktionale Differenzierung und Spezialisierung immer größere Kreise. Bis dato waren viele Firmen der Devise der Diversifikation oder – auf Produktionsbetriebe bezogen – der Fertigungstiefe gefolgt. Man visierte Unabhängigkeit an, wollte möglichst autark sein. Im Zuge wirtschaftlicher Krisensymptome hielten Kostendruck und Sparzwang Einzug. Folglich rissen die Unternehmensführer das Ruder herum. Jetzt hieß es: Konzentration auf die Kernkompetenzen. Diese Strategie gewann an Gewicht, je stärker die Einsicht in die Unvermeidlichkeit verinnerlicht und damit real wurde: Die Einsicht, dass das eigene Unternehmen in direkter Abhängigkeit zu anderen Marktteilnehmern und Umwelten (wie etwa politische Systeme, rechtliche Regelungen) stand. Es war die Rede von »Internationalisierung«, heute »Globalisierung« und »Vernetzung« genannt. Egal, wie man die Begriffe en detail versteht. Evident ist, dass sich die Welt des Führens (von Unternehmen wie von Mitarbeitenden) drastisch veränderte. Sie wurde unüberschaubar und schwer kalkulierbar. Aus der Wissenschaft, der Systemtheorie, kamen Hilfsangebote. Doch bevor sich die Praktiker ihrer bedienen konnten, brauchten sie Kategorien, mit Hilfe derer sie die neue Führungsrealität beschreiben konnten. Die zentralen Begriffe lauten: »Komplexität«, »Vernetzung«, »System«, »steuern« und »lenken«.

Globalisierung der Märkte und internationale Verflechtungen von Unternehmen führten zum Konzept des systemischen Führens

Über diesen Termini schwebt die praktische Frage: Was muss ich als Führungskraft tun, um der Situation Herr zu werden und Entwicklungen zu initiieren, die ich beabsichtige? Genau diese Frage verweist auf die neuartigen Anforderungen, mit denen Führungskräfte konfrontiert sind.

Anforderungen und Erfolgsfaktoren

Am Anfang steht ein neues Verständnis des Unternehmens: Vereinfacht gesagt, gilt es als ein organisches, soziales Gebilde, das in ständiger Wechselwirkung mit seiner Umwelt steht. Zu dieser Umwelt gehören andere Markteilnehmer (Unternehmen, Lieferanten, Kunden etc.) und gesellschaftliche Bereiche wie Recht, Politik, Kultur.

> In meinem Buch »Selbsttraining für Führungskräfte« können Sie ausführlich lesen, was auf Führungskräfte zukommt, die systemisch führen sollen bzw. wollen.

In Wechselwirkung zu stehen, impliziert, dass das Unternehmen von seiner Umwelt bzw. Teilen daraus beeinflusst wird und diese selbst beeinflusst. Beispielsweise haben gesetzliche Regelungen des Exports direkte Auswirkungen auf die eigenen Optionen, Produkte herzustellen und zu vertreiben. Oder Moden im Bewusstsein der Kunden diktieren, welches Design in Verpackungen oder Kleidung präferiert wird. Für die Führungskraft bedeutet diese direkte, vielfältige Abhängigkeit, dass sie Bewegungen und Tendenzen außerhalb des Unternehmens genau beobachten muss. Ihre Beurteilung dieser Entwicklungen spiegelt sich in ihrer Einschätzung der zukünftigen strategischen Ausrichtung der Firma wider. Diese Überlegungen wiederum münden in die Frage, welche Projekte auf den Weg gebracht werden sollten und in welche Kompetenzen der Mitarbeitenden investiert werden sollte.

Eine Anforderung lautet also: Führungskräfte haben ihr Unternehmen in der Vernetzung mit seiner Umwelt im Blick. Daraus ergibt sich, dass sie die Konsequenzen dieser Wechselwirkung in ihre visionäre, strategische und operative Planung einbauen.

Die zweite Anforderung steht mit der ersten in einem so engen Zusammenhang, dass wir von einem siamesischen Zwilling reden können. Dort, wo Korrelationen das interne Geschehen dominieren, sie sogar die Unternehmensgrenze überschreiten und die Außenbeziehungen das eigene Handeln maßgeblich mitbestimmen, entsteht schnell Unübersichtlichkeit. Diese wird dadurch verstärkt, dass den Beziehungen und wechselseitigen Beeinflussungen Dynamik innewohnt. Wie bei einem Fußballspiel ist alles in Bewegung, und die jeweils nächste Handlung ist unvorhersehbar – genau wie ihr Ausgang. Jede Handlung und jedes Ereignis determiniert weitere Möglichkeiten und Handlungen. Die kleinste Intervention kann unkalkulierte bis ungewollte Wirkungen hervorrufen. Die Situation ist ein systemischer Zusammenhang, und sie ist komplex!

Für eine komplexe Situation ist im Wesentlichen charakteristisch, dass

- ihre Komponenten dynamisch sind,
- die dynamischen Elemente eine unvorhersehbare und unüberschaubare Vielfalt an Verhaltensmöglichkeiten haben.

Eine Führungskraft, die innerhalb eines komplexen Systems oder einer komplexen Situation handelt, verfügt zu keinem Zeitpunkt über sämtliche relevanten Informationen. Sie muss mit Vagheiten operieren und sich damit abfinden, keine Entwicklung präzise, das heißt sequenziell und exakt, planen zu können. Sie muss sich damit arrangieren, mit Optionen und Wahrscheinlichkeiten zu handeln, anstatt mit Prognosen und Sicherheiten.

Eine weitere Anforderung lautet: Führungskräfte begreifen komplexe Situationen als solche, die sie bestenfalls annäherungsweise überblicken können. Sie haben mit unvorhersehbaren Bewegungen der Elemente zu tun. Sie wissen, dass jede Intervention nicht prognostizierbare Konsequenzen hat, dass kleinsten Eingriffen große Wirkungen folgen können. Aus diesen Gründen kalkulieren sie mit Optionen und Wahrscheinlichkeiten, statt mit Prognosen und Sicherheiten.

Daraus folgt eine dritte Anforderung: Der Führungskraft obliegt die Aufgabe, Komplexität soweit zu beherrschen (gezielt zu reduzieren oder zu erhöhen), dass Handlungsfähigkeit gesichert ist. In diesem Bemühen berücksichtigt sie, dass die Situation schwerpunktmäßig von Wechselbeziehungen und unkalkulierbaren (weil störanfälligen) Verläufen geprägt ist. Sie denkt in Szenarien. Sie hat es mit Möglichkeiten zu tun und nicht mit Gewissheiten. Ihre Interventionen richten sich darauf, bestimmte Ereignisse, Entwicklungen oder Zustände wahrscheinlicher zu machen als andere. Sie erreicht dies, indem sie steuert oder lenkt. Sie konzentriert sich dabei darauf, zu regulieren. Sie definiert Regularien, die einen zukünftigen Zustand oder eine Entwicklung wahrscheinlich machen. Diese Regularien lassen Toleranzräume für freie Gestaltung.

Die Führungskraft gibt als Leitphilosophie für das gesamte Team aus: »Jeder ist hier Unternehmer im Unternehmen«. Damit markiert sie zunächst den Rahmen oder Codex, innerhalb dessen Verhaltensweisen möglich sind. Mit der Devise formuliert sie ferner eine Norm und mit ihr Verhaltensweisen, die passen bzw. gewünscht sind und solche, die nicht passen bzw. nicht gewünscht sind. Gleichzeitig enthält sich die Führungskraft der präzisen Konkretisierung, buchstabiert also nicht, was diese Devise detailliert meint. Auf diese Weise hat jedes Teammitglied freie Gestaltungsräume. So ist gewünscht, dass sich jede Mitarbeiterin und jeder Mitarbeiter verantwortlich für alles fühlt, was dazu beiträgt, das Ziel zu erreichen – und sich entsprechend dieser Devise und den individuellen Stärken verhält. Einige Beispiele: Teammitglied A hat seine Stärke in seiner fachlichen Breite und kommt seiner Mitverantwortung dadurch nach, anderen »unter die Arme zu greifen«, wenn diese ins Stocken geraten. Teammitglied B zeigt ihre Stärken im konzeptionellen Denken – und spielt bei Meetings bewusst den advocatus diaboli, um das Team in der Sache weiterzubringen. Teammitglied C sorgt vorzugsweise dafür, dass relevante Außenkontakte geknüpft und gepflegt werden.

Dieses Beispiel zeigt, dass systemisches Führen sich auf das indirekte Führen: das Führen über Regularien oder Lenkgrößen konzentriert (s. S. 89).

Regulierung zielt darauf ab, Wahrscheinlichkeiten zu erhöhen und Abweichungen auszubalancieren, sozusagen die Unwägbarkeiten in einem akzeptablen Rahmen zu halten. Dies geschieht durch Feedback-Schleifen oder Iterationen (ähnlich wie Fuzzy Logic, Thermostat, Autopilot). Lenkung oder Steuerung in diesem Sinn hängt nicht an Personen, sondern ist über das System: das Team, die Abteilung, letztlich über das Unternehmen verteilt. Für die Führungskraft bedeutet dies, Regularien zu definieren, die das Handeln der Akteure wie deren wechselseitige Beeinflussung steuern.

Eine weitere Anforderung lautet also: Führungskräfte »beherrschen« Komplexität, indem sie Regularien definieren, die gewünschte Ereignisse, Entwicklungen, Zustände wahrscheinlich machen. Die Regularien dienen als Lenkmechanismen.

Als logische Folge daraus ergibt sich, dass Führung entpersönlicht wird. Führungskräfte praktizieren in komplexen Situationen eine »indirekte« Führung.

Erstens nutzen sie die genannten Lenkmechanismen oder -größen, auch Regularien genannt. Im Beispiel oben haben Sie gesehen, wie das aussehen kann. Das Beispiel demonstriert ferner, dass Regularien (Lenkgrößen) als funktionale Äquivalente für direkte Führung dienen. Das bedeutet: Sie ersetzen direkte Mitarbeiterführung.

Auf die obige beispielhafte Situation bezogen: Die Devise: »Jeder hier ist Unternehmer im Unternehmen« definiert eine normative Orientierung und kanalisiert gewünschtes und unerwünschtes Verhalten. Die Norm impliziert Verhaltensweisen, die gesollt und jene, die nicht gesollt sind. Damit wirkt sie, ohne dass die Führungskraft im Einzelnen sagen muss: »Ich möchte, dass Sie Ihren Kollegen und Kolleginnen helfen, sobald diese im Prozess Unterstützung brauchen.« Oder: »Ich möchte, dass Sie darauf achten, dass kontrovers diskutiert wird. Dazu übernehmen Sie in Meetings, in denen es um neue Konzepte oder Vorgehensweisen geht, die Rolle, immer zu widersprechen und ketzerische Fragen zu stellen.« Oder: »Ich lege Wert darauf, dass Außenkontakte aufgetan und gepflegt werden. Das ist speziell Ihre Aufgabe.« Mit anderen Worten: Indirekte Führung braucht diese konkreten Anweisungen nicht. Es genügt, wenn die Richtung oder das Motto allen Beteiligten bekannt ist.

*Z*weitens setzen Führungskräfte, die systemisch führen, auf Selbstorganisation. Dies ist die zweite Taktik, um Komplexität managen zu können.

Komplexe Führungssituationen zeichnen sich dadurch aus, dass sie unüberschaubar sind und Überraschungen bergen. In einer solchen Situation braucht eine Führungskraft Mitarbeitende und Teams, die eigenständig arbeiten und sich selbst organisieren. Der Fokus der Führung liegt darauf, Einzelne und Gruppen zu befähigen, die Verflechtungen mit anderen Personen und Gruppen zu erkennen, relevante Ziele zu definieren und selbstständig zu verfolgen. Mitarbeitende und Teams übernehmen volle Verantwortung für ihren Beitrag zur Zielerreichung. Interdisziplinäres Kommunizieren wird genauso erwartet wie Hierarchie übergreifende Aktivität. Um die selbstorganisatorischen Prozesse zu unterstützen, bedient sich die Führungskraft insbesondere der Projektorganisation oder interdisziplinärer Teams (bis hin zur fraktalen Organisation). Mit dieser Lenkungsstrategie der quasi-egalitären Strukturen gelingt es ihr, hierarchische Differenzierung und damit verknüpfte Machtansprüche zu entschärfen und zu minimieren. Sie dezentralisiert Autorität in dem Sinne, dass sie Entscheidungs- und Gestaltungskompetenzen verteilt. Und sie demokratisiert die Strukturen und Abläufe, indem sie autoritative Befugnisse an Funktionen, an sachliche Beiträge, bindet. In der praktischen Konsequenz wird Autorität als Macht, Weisungen zu erteilen und Prozesse zu gestalten, zu einer temporären Erscheinung. Sie beginnt mit der Übernahme einer Aufgabe und endet mit der Zielerreichung. Autoritative Zuständigkeiten und Befugnisse wechseln die Personen, weil sie an Funktionen

Eine weitere Anforderung lautet: Führungskräfte reduzieren Komplexität, indem sie zunehmend indirekt führen. Sie entpersönlichen die Führung von Mitarbeitenden und Teams, indem sie auf Selbstorganisation, Enthierarchisierung und Lenkgrößen setzen.

gebunden sind, die ihrerseits an einer Aufgabe, einem Auftrag, einem Projekt hängen. (Das kann auch die Führungskraft selbst treffen.)

Die systemische Betrachtung der Führungssituation revolutioniert die Weise, wie die Position der Führungskraft gesehen wird. Das systemische Verständnis von Führung bezieht die Führungskraft in die Führungssituation mit ein. Sie ist ein »Element im System« wie die anderen Akteure. Auch sie steht in Wechselwirkung mit allen anderen Systemkomponenten und deren Dynamik. Das heißt: Sie befindet sich nicht mehr außerhalb der Führungssituation, sondern innerhalb!

Sie erinnern sich: Als wir die anderen, die traditionellen oder klassischen Führungsmodelle diskutierten, behandelten wir die Führungskraft als eine Person, die die Führungssituation von außen betrachtet und von außen auf die Mitarbeitenden und die anderen situativen Faktoren einwirkt. Im systemischen Szenarium ist die Führungskraft »drinnen«, Teil des systemischen Zusammenhangs und des Zusammenspiels seiner Komponenten. Sie wirkt und bewirkt. Sie beeinflusst und wird beeinflusst.

Das Revolutionäre dieser Perspektive besteht in den Konsequenzen für das Selbstbild und für die Verhaltensmöglichkeiten der Führungskraft. Diesen Gedanken vertiefen wir im nächsten Abschnitt »Selbstbild einer systemisch führenden Führungskraft«.

Die nächste Anforderung bedeutet: Im systemischen Verständnis von Führung betrachtet sich die Führungskraft als ein Element in der Führungssituation. Als solches ist sie der Dynamik im systemischen Zusammenhang genauso ausgesetzt wie alle anderen Akteure.

Eine weitere Anforderung verdient es, erwähnt zu werden, und zwar die mentale Ausrichtung auf Zukunft. Wir haben uns bisher darauf beschränkt, intellektuelle, methodische und organisatorische Fähigkeiten zu skizzieren, die das systemische Führen verlangt. Rufen wir uns zweierlei in Erinnerung: Erstens ist systemisches Führen nur in komplexen Zusammenhängen nötig und zweitens finden wir Komplexität in Situationen der Instabilität, also in dynamischen Systemen, ferner in Übergangssituationen. Komplexe Situationen oder Systeme sind durch Veränderlichkeit und Bewegung gekennzeichnet. Alles ist in Fluss. Die einzige Konstante ist die Diskontinuität. Deshalb ist es für eine Führungskraft notwendig zu wissen, wie sie zu Veränderungen steht. Ob sie ihnen offen und neugierig oder verschlossen und ablehnend gegenübertritt. Aus diesem Grund ist die Fähigkeit so wichtig, Vagheiten sowie informationelle Defizite aushalten und mit ihnen arbeiten zu können, und zwar in der oben genannten Form des Denkens in Optionen und Szenarien und mittels Prozesssteuerung. Bewahrer haben hier keine Chance. Ebenso wenig »Macher«, deren Augenmerk auf Gewissheiten und informationeller Vollständigkeit liegt und die über Anweisungen führen.

Systemisches Führen gleicht einem Prozess permanenter Gestaltung und Innovation

Eine weitere Anforderung lautet: Systemisches Führen bedingt, gegenüber Zukünftigem aufgeschlossen und neugierig zu sein. Diese Führungskräfte begreifen Veränderlichkeit und Dynamik als einzige Konstante. Während sie die Ziele verfolgen, stellen sie sich darauf ein, dass sie die Richtung, die sie gerade verfolgen, oder gar das Ziel ändern müssen. Sie bewegen sich synchron und komplementär zum Wahrscheinlichen.

Selbstverständlich könnten wir die Anforderungen sowohl differenzieren als auch um weitere ergänzen. Für unsere Zwecke genügen die bisherigen Ausführungen. Mehr dazu finden Sie im »Selbsttraining für Führungskräfte«.

Diese knappe Darstellung demonstriert Ihnen gewiss eindrucksvoll, welche neuartigen Anforderungen das systemische Führungsverständnis an Führende wie Geführte stellt. Die folgenden Abschnitte verdeutlichen einzelne Aspekte dieses Neuartigen noch einmal.

Selbstbild einer systemisch führenden Führungskraft

Wir betonten bereits, dass das systemische Verständnis von Führung das Selbstbild der Führungskraft verändert. Bildlich und strikt gesprochen: Aus dem Strippenzieher im Marionettentheater wird selbst eine Marionette. Zum Strippenzieher avanciert die Logik des Systems oder dessen dynamische Kräfte. Alles sehr abstrakt – krempeln wir das Abstrakte um ins Konkrete!

Oben konstatierten wir: Die Führungskraft erscheint als Akteur innerhalb des Systems, der Führungssituation. Sie übt Einfluss aus und wird selbst beeinflusst; sie bewirkt Handlungen, Ereignisse und Zustände – und wird ihrerseits von diesen in ihren Handlungen und Optionen bewirkt . Die Führungskraft sieht sich als Bestandteil des Ganzen, etwa des Teams oder der Abteilung. Als ein Element der ganzen Situation weiß sie, dass sie stets einen Beitrag zu Ereignissen und Prozessen leistet. Unbewusst oder bewusst, unbeabsichtigt oder beabsichtigt. Aufgrund dieser Verwobenheit stellt sie systematisch und grundlegend eine Frage, nämlich die Frage nach ihrem Beitrag zu Erfolgen und Misserfolgen, zu Vorgängen und Ereignissen. Diesen ihren Beitrag zu identifizieren, ist ihr ein Anliegen, weil sie berücksichtigt, dass ihr Beitrag wiederum Folgen provoziert und diese wiederum andere Wirkungen auslösen und so weiter, ad infinitum. Mit anderen Worten: Die fundamentale Frage nach ihrem Beitrag zu etwas stellt sie, weil sie sich als mit allen anderen Teilen und Beziehungen in dem Netzwerk von Handlungen und Prozessen verflochten begreift.

Die Führungskraft begreift sich als Teil des Systems

Jede Handlung von ihr hat Auswirkungen, gewollte und ungewollte, zielführende und am Ziel vorbeilaufende. Daher ist es bedeutsam, dem eigenen Wirken so große Bedeutung zuzumessen: Es ist Ursache von Reaktionen. Jede Ursache selbst ist bewirkte und bewirkende Wirkung, hat (in chemischen Begriffen) eine Valenz zu zwei Seiten, ist zweiwertig. Jede Bewegung oder Entscheidung löst – ähnlich wie beim Domino – Folgewirkungen aus, einschneidende und kaum merkliche, vorhergesehene und nicht vorhergesehene, intendierte und nicht intendierte.

Transferieren wir diese Erkenntnis auf die Frage der Mitarbeiterführung und Zusammenarbeit: Die Führungskraft weiß, dass ihre Verhaltensweisen von ihren Mitarbeitenden registriert werden. Sie weiß aber nicht, wie genau und welche genau – und auch nicht, von wem, wie und welche genau wahrgenommen werden. Und sie kann die Reaktionen auf ihr Verhalten nicht exakt prognostizieren. Sie kann die Einflüsse nur ungefähr erfassen und daher nur ungefähr lenken. Sie bewegt sich im Team quasi approximativ. Es gibt zahlreiche Unwägbarkeiten. Die Logik der endlosen Wechselwirkungen zwingt ihr auf, mit dem Bewusstsein der Ungewissheit zu führen. Bereits aus diesen Gründen muss sie sich von einem Führungsverständnis verabschieden, das sie als allwissend und alleingestaltend beschreibt. Zwar kennt sie ihren exponierten Status qua Funktion. Gleichzeitig trägt sie ihrem Status Rechnung, ein (bewegtes und bewegendes) »Systemelement« unter anderen zu sein. Sowohl sie als auch die Mitarbeitenden (und die Beziehungen unter ihnen, die emergenten, das heißt, neu entstehenden Strukturen) bewirken Vorgänge und Ereignisse. Deshalb ist es entscheidend, dass sie sich immer nach ihrem Beitrag fragt. Sie begreift sich basal als Teil des Geschehens und ist folglich verpflichtet, nicht nur Mitarbeiter, sondern auch sich selbst zu Handlungen aufzufordern. Um diesen abstrakten Zusammenhang zu verdeutlichen, hier ein Beispiel.

Systemische Führende befragen nicht nur Mitarbeiter, sondern auch sich selbst nach ihrem Beitrag zum Geschehen

Franz leitet das Projekt P. Es taucht ein Problem auf. Nach einigem Hin und Her wird folgende Erkenntnis akzeptiert: Der Grund für die Probleme liegt wiederholt (!) darin, dass Franz und Mitarbeiter Daniel die rechtzeitige Koordination ihrer individuellen Beiträge vernachlässigt haben. Und das, obwohl – so die Teammitglieder – Daniel diesmal besondere Aktionen gestartet hatte, um die Abstimmung zu schaffen.

Franz, der sich als Teil des Projektsystems begreift, beginnt sein eigenes Verhalten kritisch zu reflektieren: »Wo habe ich den Fehler gemacht? Wann ist es dazu gekommen? Liegt in dieser mangelnden Koordination eine tiefere Wurzel? Da mir das schon öfter mit Daniel passiert ist: Wo kann ich ein Muster erkennen? Was gibt es in meiner Beziehung zu Daniel, das meinen Teil in der defizitären Abstimmung erklären könnte? Was hat Daniel besonders gut gemacht? Was könnte ich von ihm lernen? Worauf möchte ich mich mit ihm einigen? Was nehme ich mir vor, zukünftig anders zu machen?« (Franz könnte auch auf funktionale Äquivalente ausweichen, etwa indem er die Koordination mit Daniel einer anderen Person zuteilt.) Franz beantwortet diese Fragen zunächst für sich, dann im Gespräch mit Daniel. Dieser formuliert seine Version bzw. die Antworten auf ähnliche Fragen. Am Schluss steht eine Vereinbarung, die beide unterschreiben (das muss natürlich nicht schriftlich sein). Die Logik von Franz ist die: »Wenn ich meinen Beitrag erkenne, kann ich etwas zur Lösung des Problems beitragen. Ich bin Teil des Problems, also auch der Lösung. Zudem sind alle anderen Personen und Prozesse von der Schwierigkeit betroffen – also profitieren sie auch von dem Ausweg. Außerdem habe ich dafür zu sorgen, dass ich Methodenwissen vermittle: als Hilfe zur Selbsthilfe, als Beitrag zur Optimierung des selbstorganisierten Arbeitens. Aus der Meta-Perspektive betrachtet gilt also auch: Wenn ich vorlebe, wie ich mit einem Konflikt umgehe, in dem ich Akteur bin, dann können insbesondere meine Mitarbeitenden von dieser Methodik lernen.«

Dieses Beispiel illustriert zwei weitere Aspekte des Selbstbildes. Zum einen: Die Führungskraft versteht sich selbst als lehrende Instanz, häufig »Vorbild« genannt. Im Zuge dieser Rolle dient sie als Modell. Dies erfordert von ihr, dass sie über sich selbst nachdenkt und – noch einmal – über ihren Beitrag zu Erfolgen wie zu Misserfolgen. Außerdem ist sie qua Funktion dafür verantwortlich, Rahmenbedingungen zu schaffen, innerhalb derer Mitarbeitende selbstorganisiert arbeiten können. Auf das Thema Lernen bezogen obliegt ihr, Mitarbeitenden das Lernen sowie das Lernen zu lernen zu ermöglichen. Das Lernen von Inhalten ist von dem »Lernen zu lernen« unterschieden. Im ersten Fall werden Inhalte, etwa Techniken in der Softwareanwendung, gelernt. Im zweiten Fall sprechen wir von dem Lernen von Kompetenz-Kompetenzen, das heißt: Lernen, wie man sich etwas aneignen kann, also das Lernen von Methoden. Ein Beispiel für diesen Spezialfall des Lernens (das sich auf sich selbst anwendet) ist, wenn Sie lernen, wie Problemlösungstechniken »erfunden« werden. Oder wenn Sie lernen, wie Sie Führungswissen vermitteln sollen. Oder wenn Sie lernen, wie systemisches Denken in systemischer Didaktik vermittelt werden kann.

Das Lernen am Modell wird in der Lernpsychologie denn auch Modell-Lernen genannt

Zum zweiten zeigt das Beispiel den Prozess vice versa: Die Führungskraft weiß, dass sie nicht alles am besten kann, nicht immer überlegen ist, selbst Fehler macht, sich irrt; sie weiß, dass sie kompetente Mitstreiter in ihren Mitarbeitenden hat und von diesen lernen kann. Insofern begreift sie sich auch als lernende Instanz.

Lassen Sie uns schließlich den oben ausgeführten Gesichtspunkt unterstreichen, dass die Führungskraft sich als steuernde oder lenkende Instanz sieht und handelt. Sie führt weniger direkt als indirekt, weniger über Anweisungen und konkrete Aufforderungen als über Regeln und Rahmenbedingungen, die den Mitarbeitenden Freiheitsgrade lassen. Entsprechend kontrolliert sie nicht Details, sondern via Prozesssteuerung, via Fortschritte über die zitierten Meilensteine oder Feedback-Schleifen und über Ergebnisse.

Auswirkungen systemischen Führens auf die Mitarbeiter

Übung

Lassen Sie die Erörterungen zum systemischen Führen vor Ihrem geistigen Auge Revue passieren. Notieren Sie, was systemisches Führen für Sie in der Rolle des Mitarbeiters bzw. der Mitarbeiterin hieße. Was käme vermutlich auf Sie zu?

Vermutlich haben Sie erst einmal tief ein- und dann wieder ausgeatmet. Oder pusteten Sie einfach ein »Uff« aus? Oder dachten Sie lustlos: Weiß ich doch nicht! Oder notierten Sie: ein heilloses Chaos.

Nun ja, chaotisch im Sinne einer Ordnung, deren Muster wir nicht erkennen – so erscheinen Situationen allgemein, in denen es angeraten ist, systemisch zu führen. Sowohl das »Uff« als auch das »Weiß ich nicht« sind verständlich. Denn in der Tat: Die Mitarbeitenden erwartet ein Klima voller Anforderungen und Herausforderungen. All diejenigen fachlichen, methodischen und sozialen oder emotionalen Kompetenzen und Erwartungen, die wir in den vorhergehenden Kapiteln besprochen haben, sollten Sie realisieren oder zumindest an der Perfektionierung arbeiten. Und noch zwei weitere: nämlich die Freude am Lernen und die Freude daran, in abstrakten Gefilden zu forschen, um systemische Logik zu begreifen und in Korrelationen zu denken. In diesem Kontext erleichtern sich Mitarbeitende das Arbeiten, wenn sie Begeisterung dafür entfalten können, die Methodik der Vernetzung als Diagnoseinstrument sowie die Szenarientechnik als Planungs- und Entscheidungsinstrument nutzen zu lernen.

Erfüllen Führungskraft und Mitarbeitende die umrissenen Anforderungen, wirken sie in einer Kultur, in der Vertrauen herrscht und die Rede von der lernenden Organisation in die Tat umgesetzt ist. Mitarbeitende schalten und walten selbstständig, insoweit sie als selbstorganisierende Einheiten behandelt werden. Somit erhalten sie die Chance zu entdecken, welche Potenziale in ihnen stecken, sowie die Möglichkeit, diese zu entfalten. Die (durch Rahmenbedingungen und Regularien markierten) Freiräume können sie nutzen, um mit Neuem zu experimentieren. Dort dürfen sie Fehler machen, sollen aber aus diesen lernen. Die Atmosphäre strahlt das Bemühen aus, »Kaizen«, die Philosophie der permanenten Verbesserung, zu leben. Es weht – oder auch stürmt – ein konstruktiver Geist.

In einem solchen Umfeld fühlen sich Personen wohl, für die Lernen ein (Lebens-)Wert an sich ist; die intrinsisch motiviert sind und sich dafür begeistern können, Neues auszuprobieren und an eigene Grenzen zu stoßen. Und Personen, die eine hohe Chaos- und Ambiguitätstoleranz haben. Menschen dagegen, die unter empfundener Unordnung leiden und Ungewissheit als quälend empfinden, tun sich mit den Anforderungen einer systemischen Kultur schwer. Sie empfinden mehr Furcht als Neugier und tendieren mehr zur Flucht als dazu, den Vagheiten zu begegnen. Sie fühlen sich durch den hohen Grad an Selbstführung eher belastet und bedrückt und weniger – wie der andere Typus – hervorgelockt und befreit.

Ambiguität = Doppelsinn, Zwei-, Mehrdeutigkeit

Der folgende Exkurs zeigt Ihnen eine Methode effektiven Projektmanagements. Sie verleiht Ihnen einen Eindruck in selbstorganisierte Projektarbeit. Die Annahme dabei ist, dass alles, was zu einem effektiven Projektmanagement gehört, im Projektteam selbst geleistet wird. Damit der Exkurs nicht zu einer eigenen Abhandlung wird, stellen wir Gedanken-Notizen und Checklisten in den Vordergrund.

Exkurs: Effektives Projektmanagement

Ein effektives Projektmanagement erfordert:

- Die Definition des Projektziels.
- Die Einbettung in den übergeordneten Zielkontext.
- Das Planen des Projektes.
- Die Organisation des Projektes.
- Die Steuerung des Projektes.
- Und schließlich: die Ausführung der Projektarbeit.

Und es verlangt eine ganzheitliche, prozessuale Betrachtung:

- Die strategische Dimension des Projektes, also die Ausrichtung für das Unternehmen wird betrachtet.
- Die politische Dimension des Projektes, also die Unterstützung des Projektes durch das oberste Management wird geprüft.
- Die Wechselwirkungen mit dem Umfeld (intern zum Beispiel mit anderen Abteilungen; extern beispielsweise mit dem Markt) werden berücksichtigt.
- Das erforderliche fachliche Know-how muss vorhanden sein.
- Der administrative Anteil des Projektmanagements (Budget, Termine, Personal, Methoden und Instrumente der Projektsteuerung und -dokumentation) müssen beherrscht werden.
- In den Kompetenzen der Projektleitung und der Projektmitglieder muss Klarheit herrschen.
- Die Leitungskompetenz der Projektleitung (Sozial- und Methodenkompetenz zur Prozesssteuerung) ist sicherzustellen.

Die **Projektvorbereitung** muss mit der Firmenstrategie übereinstimmen, und die Unterstützung des Top-Managements muss vorliegen. Ziel und Funktion müssen definiert und der Zeit-, Kosten-, Ressourcenrahmen exakt bestimmt werden. Die Kontakte zu beteiligten bzw. betroffenen Bereichen, Abteilungen, Stellen oder Personen müssen in- und extern abgestimmt werden.

Die **Projektplanung** verlangt eine klare Zielsetzung, Festlegung der Meilensteine und Aktivitäten sowie die Klärung der Zuständigkeiten sowie des Ressourcenbedarfs. Folgende Fragen sind zu beantworten:

- Was soll herauskommen? (Ziel benennen)
- Was ist bis wann zu tun? (Meilensteine definieren)
- Wie ist es zu tun? (Aktivitäten formulieren)
- Wer tut was? (Verantwortung und Zuständigkeit klären)
- Wer tut was bis wann? (Zeitrahmen bestimmen)
- Wer braucht was wann? (Ressourcen anmelden)

Die **Projektsteuerung** klärt folgende Fragen:

- Wer hat sie inne? (Projektleitung)
- Wer koordiniert wie und wann? Wie erfolgen Feedback, Überprüfung und Abstimmung? (Kontrollschleifen)
- Wer sichert die Kommunikation mit den betroffenen Bereichen, Stellen bzw. Personen, in- und extern? (Kommunikation)
- Wer gewährleistet wie und wodurch transparente Planung, die Kommunikation von Status quo sowie von Veränderungen im Projekt? (Dokumentation und Zugänglichkeit)

Die **Projektleitung** ist verantwortlich für die gesamte Durchführung des Projektmanagements. Das heißt, in Abstimmung mit den Projektmitgliedern erarbeitet und lenkt sie: die Definition des Projektziels, die Planung, Organisation, Steuerung, Ausführung sowie den Abschluss des Projektes.

Auf der Projektebene arbeitet die Projektleitung mit dem Steuerungsgremium bzw. mit den Personen zusammen, die die Gesamtsteuerung und -entscheidungsvollmacht haben. Auf der Aktivitätenebene arbeitet sie mit dem Projektteam zusammen.

Übersicht über die Hauptaufgaben der Projektleitung

Planungsaufgaben

- *Projektebene:* Meilensteine erarbeiten, planen und dies dem Steuerungsgremium zuleiten.
- *Aktivitätenebene:* Die Detailplanung skizzieren (also Aktivitäten zwischen den Meilensteinen); mit den Ausführenden über das Wie, das heißt: welche Aktivitäten vorgesehen sind.

Organisationsaufgaben

- *Projektebene:* Die Aufteilung der Projektverantwortung auf einzelne Mitglieder moderieren und die Genehmigung durch das Steuerungsgremium einholen.
- *Aktivitätenebene:* Das Tagesgeschäft leiten, und dabei berücksichtigen, dass die Prioritäten sinnvoll gewählt und die Mitglieder unterstützt sowie motiviert sind.

Steuerungsaufgaben

- *Projektebene* Meilensteinberichte vorbereiten, die Einhaltung von Detail- und Verantwortlichkeitsplanung kontrollieren, und den Bericht, einschließlich Abweichungen und damit verbundener Revisionen in der Planung, dem Steuerungsgremium zuleiten.
- *Aktivitätenebene* Aktivitätenberichte der Projektmitglieder verfolgen und gegebenenfalls aus den Berichten herauslesbare Korrekturaktivitäten mit den Projektmitgliedern diskutieren und einleiten.

Der **Projektabschluss** erfordert folgende Klärungen:

- Ziele: Welche sind bis zu welchem Grad erreicht?
- Information: Sind alle Betroffenen vom Abschluss informiert?
- Dokumentation: Sind alle Ergebnisse zugänglich?
- Implementierung: Wer sichert und evaluiert die Ergebnisse?
- Projektrückschau: Ist ein Termin vereinbart?

Die **Projektrückschau** dient vor allem dazu, aus dem Geschehenen zu lernen. Denn dies fördert und unterstützt das individuelle und das kollektive Lernen. So dient es dem Transfer von Wissen und Erfahrung (Wissensmanagement, organisationales Lernen).

INFO

14 Regeln für effektive Projektarbeit

1. Systematische Auswahl der Projekte – mit klaren Kriterien für die Entscheidung für oder gegen ein Projekt.
2. Eindeutig definierter Projektauftrag – eingebunden in eine Projektliste oder ein Projektportfolio.
3. Aufstellen verbindlicher Meilensteine, innerhalb derer die anvisierten Zwischenergebnisse systematisch überprüft werden.
4. Information des Top-Managements über Projektverlauf und -stand, um gegebenenfalls unterstützend zur Seite zu stehen.
5. Gewährleisten einer verbindlichen Verpflichtung der Projektmitglieder für das Projekt (versus: »Abordnen auf Zuruf«).
6. Projektmitglieder für Projektarbeit von nicht projektgebundenen Routinen entlasten.
7. Zusammenstellung der Projektmitglieder nach Kompetenz für das Projekt (versus: nach Entbehrlichkeit).
8. Unterstützung der Projektarbeit durch Linienvorgesetzte (versus: Boykottierung von Projektarbeit dadurch, dass die für das Projekt benötigten Mitarbeiter zurückgehalten werden).
9. Ausstatten des Projektleiters mit Befugnissen (nicht nur mit Verantwortlichkeiten und Aufgaben).
10. Einigung auf klare Richtlinien für die Projektarbeit sowie deren Kommunikation an die Mitarbeiter.
11. Sicherstellen, dass Projektleiter und -mitglieder über grundlegende Kenntnisse der Projektarbeit verfügen und diese auch anwenden können.
12. Gewährleisten methodischer Unterstützung durch Serviceabteilungen und/oder Projektcontroller (insbesondere bei größeren Projekten).
13. Ermutigung und Honorierung von Mitarbeit an Projekten (sowohl dann wenn die Projektarbeit zusätzlich zur Alltagsarbeit geleistet wird als auch in dem Fall, dass Personen für die Projektarbeit abgestellt werden).
14. Ermutigung zum Abbruch eines Projektes, wenn absehbar ist, dass es ein Misserfolg wird oder anders motivierte Zielkorrekturen erforderlich sind.

Wenn Sie sich entschließen, systemisch zu führen …

… dann empfiehlt es sich, Situationen zu erkennen, die systemisches Führen verlangen.

Aus diesem Grund widmen wir uns abschließend denjenigen Kernmerkmalen, anhand derer Sie entscheiden können, wann Bedingungen vorliegen, die systemisches Führen verlangen bzw. nicht verlangen. Um möglichst eingängig zu definieren, unterscheiden wir »einfache«, »komplizierte« und »komplexe« Situationen.

Einfache Situationen erkennen wir daran, dass wir wissen, was zu tun ist. Sie sind überschaubar, übersichtlich und bieten uns größtmögliche Vorhersehbarkeit. Die Informationen, die wir brauchen, um sie zu handhaben, können wir uns beschaffen. Oder wir verfügen bereits über sie, etwa aus Erfahrung. Routineangelegenheiten oder häufig wiederkehrende Situationen und Handlungsabläufe sind typische Beispiele einfacher Situationen.

Sie führen eine Abteilung von acht Mitarbeitenden. In Sitzungen haben Sie die Erfahrung gemacht, dass immer dann, wenn die Sprache auf die Verbesserung interner Abläufe kommt, eine hitzige Debatte entfacht wird. Sie haben erkannt, dass es ein typisches Muster dieser Auseinandersetzung gibt. Wollen Sie die Abschweifungen vermeiden, wissen Sie daher auch, wie Sie moderativ eingreifen können. Beispielsweise haben Sie bemerkt, dass Mitarbeiterin M. ein Lieblingsthema hat: Dokumentationen erstellen. Jedes Mal, wenn von Optimierung der Transparenz die Rede ist, bringt sie das Thema aufs Tapet. Und genauso weht ihr jedes Mal von den Kollegen ein stürmischer Wind entgegen. Wenn Sie also diese »Wiederkehr des Immergleichen« vermeiden möchten, lenken Sie die Aufmerksamkeit auf andere Felder, auf denen noch Effektivierungsreserven zu mobilisieren sind.

Komplizierte Situationen erscheinen uns als schwierig. Vielleicht sind sie neu und verlangen neuartiges Wissen und Handeln. Oder sie enthalten zahlreiche und vielfältige Faktoren, die wir nicht überblicken. Wir empfinden komplizierte Situationen als unübersichtlich. Grundsätzlich aber, und das ist das Kernmerkmal, sind wir in der Lage, diese Unüberschaubarkeit aufzulösen und die Situation zu beherrschen. Wir sind fähig, komplizierte Situationen prinzipiell in den Griff zu bekommen, weil ihre Lösung von Informationen, Wissen und Können abhängt, das wir einholen können.

Vor einigen Minuten stürmte Ihre Chefin in Ihr Büro: »Sie müssen unbedingt nächsten Donnerstag zum Kunden XY! Wir haben die einmalige Chance, dort unser neues Produkt zu präsentieren. Ha, und das vor mehreren Abteilungen: Marketing, Marktforschung, Vertrieb – und natürlich ist die Geschäftsführung dabei. Also: Bereiten Sie bis übermorgen eine Super-Präsentation vor. Mit allen Schikanen, sodass wir für jede Eventualität gewappnet sind. Wir kriegen allein für die Präsentation eine gute Stunde! Und betten Sie unser Produkt in das Gesamtgeschehen am Markt ein. Vergessen Sie nicht, dass es Interessengruppen gibt, die dem Produkt skeptisch gegenüberstehen! – Okay, also bis übermorgen, ja? Dann schauen wir uns das gemeinsam an und besprechen noch Details. – Viel Spaß!«

Wahrscheinlich ist Ihnen eher mulmig als spaßig zu Mute. Aber das kann ja noch werden! Nehmen wir die Nervosität, die eine »hoch aufgehängte« Präsentation begleitet, einmal beiseite. Das mulmige Gefühl wurzelt vermutlich weniger in der Tatsache, dass Sie einen Vortrag zum Produkt halten sollen – Produktkenntnis ist selbstverständlich. Auch die gesamtwirtschaftliche Einbettung erregt in Ihnen kaum Furcht. Was Ihren Adrenalinspiegel in die Höhe treibt, liegt daran, dass Sie sich bisher wenig Gedanken darüber gemacht haben, wie das Produkt gesellschaftlich einzuordnen ist. Folglich haben Sie noch keine Ahnung, wie Sie diesen Punkt angehen sollen. Ihnen fehlt momentan jedwede Idee, wo zu beginnen wäre, wie extensiv Sie diese Thematik recherchieren und dann auch noch behandeln sollen ... Die Situation ist kompliziert, weil noch nicht übersichtlich und kalkulierbar. Gleichwohl haben Sie die Möglichkeit, sie übersichtlich und kalkulierbar zu machen. Sobald Sie die ersten Schritte tun, sich dazu zu informieren oder informieren zu lassen, verfügen Sie über Daten, die Sie in Ihre Präsentation zielgerichtet integrieren können.

Einfache Situationen finden wir vor allem in einer stabilen Umwelt vor: Die Strukturen stehen fest, die Kompetenzen sind geregelt, der Ist-Zustand ist definiert – und der Soll-Zustand, das Ziel, ist ebenfalls formuliert und bekannt. Ferner ist klar, wer, was bis wann zu tun hat, sodass ein Soll-Ist-Abgleich jederzeit möglich ist. In diesem Umfeld kann die Führungskraft durch exakte Zielvorgaben bzw. Zielvereinbarungen, durch effektives Planungswissen und detailgenaue Transfermaßnahmen führen. Das allein genügt in komplexen Situationen jedoch nicht mehr.

Komplexe Situationen weisen die Komponenten auf, die einfachen und komplizierten Situationen innewohnen. Komplex wird eine Situation dadurch, dass die Elemente dynamisch sind, dass sie ferner aufeinander bezogen sind und auch diese Beziehungen wiederum einer Dynamik unterworfen sind. (Dass es dann auch noch unterschiedliche Geschwindigkeiten und Sensibilitäten gibt, können wir an dieser Stelle vernachlässigen.)

Komplexe Situationen bedenken: vernetzte Beziehungen, Wirkungsverläufe und Wechselwirkungen

Das bedeutet: Die situativen Variablen, das also, was die Situation kennzeichnet, verändern sich andauernd. Und diese Veränderungen berühren auch das Umfeld der Situation. Alles ist in Fluss: Folglich können wir zu keinem Zeitpunkt eine »sichere« Entscheidung mit determiniertem Ausgang treffen. Wir können, weil alles fließt, zu keinem Zeitpunkt über sämtliche relevanten Informationen verfügen. Wir müssen darauf verzichten, die traditionellen Prognose-, Planungs- und Analysemethoden einzusetzen. Denn ihnen unterliegt ja die Auffassung, dass wir, wenn wir nur genau und tief genug schauen und seriös arbeiten, immer vorhersehen können, was passiert, wenn wir handeln. Stattdessen sind wir gefordert, mit Eventualitäten und Optionen, mit Wahrscheinlichkeiten und Szenarien zu hantieren. Durch Feedback-

Schleifen stellen wir sicher, dass wir flexibel genug sind, um uns auf neue Gegebenheiten einzustellen. Wir müssen uns der Dynamik anpassen, mit ihr mitlaufen und die Lenkgrößen (unsere Beeinflussungs- oder Steuerungsmedien) so wählen und aktivieren, dass wir unser Ziel erreichen.

Vorausgesetzt, wir kennen das Ziel und dies ist stabil. Es gibt aber auch komplexe Situationen, in denen uns das Ziel, also das Ergebnis, das wir anvisieren, nicht bekannt ist oder selbst Veränderungen unterliegt. In solchen und ähnlichen Lagen arbeiten wir mit ungefähren Vorstellungen, auch Visionen genannt. Damit kennen wir nur grob die Richtung, die wir einschlagen wollen. Das kompliziert die Angelegenheit natürlich noch einmal.

Beispiel eins: Ein besonders tragisches Beispiel für eine komplexe Situation ist die HIV-Erkrankung, das AIDS-Virus. Zwar wissen wir das Ziel: seine tödliche Wirkung auszuschalten und Heilung zu ermöglichen oder gar: das Virus auszurotten. Dadurch, dass sich das Virus aber verwandelt, fällt es schwer, seine Spur zu verfolgen. Forschung und Therapie sind also genötigt, sich den Metamorphosen anzupassen und ihre Strategien daran auszurichten.

Beispiel zwei: Die Forschungs- und Entwicklungsabteilung eines Pharma-Unternehmens folgt in ihrer Arbeit der Unternehmensvision: »Wir sind international die Firma, die der Gesundheit der Menschen am besten dient.« Diese Vision wurde bisher so übersetzt, dass besonders viel in Medikamente investiert wurde. Je nach Marktbedingungen und gesetzlichen Regelungen muss sich die F&E Abteilung umstellen. Etwa mit Blick auf die Marktbewegungen im Bereich der Generika. Oder im Bereich der life science. Oder in Bezug auf Bemühungen um Kostenreduktion im Gesundheitswesen. Oder ... oder. Je nachdem also, welche Priorität gesetzt wird, muss sich die F&E Abteilung in ihrer inhaltlichen Ausrichtung, ihrer Struktur und Organisation sowie ihren Beziehungen zu anderen Abteilungen und Kontakten umorientieren.

Der Ruf nach systemischer Führung, wie wir sie erörtert haben, erschallt insbesondere in komplexen und instabilen Situationen. Mitunter erscheint die Bewegung als das Ziel. Dies vorzugsweise dann, wenn eine Reise zu unbekannten Ufern anbricht und mehr eine Vision als das Ziel die Anstrengungen leitet. Sie gibt die Richtung vor, etwa »das beste Unternehmen« auf dem Gebiet XY zu sein oder den Umsatz zu steigern oder schlicht, das Überleben am Markt zu garantieren. Wie, mit welchen Einzelzielen, mit welchen konkreten Maßnahmen dies erreicht werden soll, steht nicht schon fest, sondern entwickelt sich im Verlauf der Anstrengungen und Marktbeobachtungen. Systemisch zu führen verlagert den Akzent von Zieldefinitionen und Techniken auf Visionen und Methoden der Prozessgestaltung. Systemisch Führende brauchen Emphase, also Begeisterungsfähigkeit und Schwung, um die Vision oder Mission überzeugend zu kommunizieren. Sie benötigen Prozessverständnis, um etwa die Kosten zu überblicken und effektiv zu steuern. Sie konzipieren den Arbeitsprozess schrittweise, iterativ und mit Feedback-Schleifen. Sie organisieren die Arbeit so, dass sie Lernen und Empowerment betreiben, um Einzelne und Gruppen selbstorganisiert wirken zu lassen und die nötige Flexibilität zu gewähren. Und da ihnen eine hoher Grad an Unbestimmtheit und Unbestimmbarkeit, an Unvorhersehbarkeit und daher Vagheit zugemutet wird, erleichtern sie sich ihre Aufgabe, wenn sie über Instabiltitäts- oder »Chaos«-Toleranz verfügen und lernen, in Kategorien der Vernetzung zu denken und zu handeln.

Systemisches Führen betont Visionen und Prozesse anstatt exakte Zielvorgaben und Techniken

Kapitel 6: Das symbolische Führen

Vorbemerkung

Vielleicht fällt Ihnen auf, dass dieses Kapitel anders aufgebaut ist als die vorhergehenden. Das hat seinen Grund. Das symbolische Führen ist nämlich kein Modell, für das Sie sich aussprechen können oder nicht. Symbolisches Führen ist ein permanenter Prozess. Diese Eigentümlichkeit verlangt eine spezielle Behandlung.

Symbolisch zu führen ist unausweichlich. Für welchen Führungsstil Sie sich auch entscheiden mögen: symbolisch führen Sie immer. Ihre symbolische Wirkung schwebt sozusagen über allem, was Sie tun, wie Sie es tun und was Sie unterlassen. Über die Symbole, die Sie wählen, bestimmen Sie Verhalten: das eigene und das Ihrer Mitarbeitenden. Diese Erkenntnis ist nicht neu. Aber in den 80er-Jahren erhielt sie eine Brisanz, die das symbolische Führen zu einem entscheidenden Erfolgsfaktor von Unternehmen emporhievte. Durch die Entdeckung dieser gestaltenden Kraft avancierte die Idee des symbolisches Führens zu einem kontrovers diskutierten Thema. In diesem Kapitel rekonstruieren wir, wie und warum es dazu kam – und was das für die Rolle der Führungskraft bedeutete.

Symbolisches Führen und Unternehmenskultur

In den 80er-Jahren des gerade abgeschlossenen Jahrhunderts schwappte eine Welle namens »Unternehmenskultur« aufs Land und bescherte uns eine Flut von Büchern, Aufsätzen und Diskussionen zu diesem Thema. Ausläufer gibt es noch heute, und es wird

Ein theoretisch-kritisches und äußerst amüsantes Buch ist das von Oswald Neuberger und Ain Kompa: Wir, die Firma. Beltz, Weinheim 1987. Zwei Kulturen vergleicht Edgar H. Schein: Unternehmenskultur. Campus, Frankfurt/New York 1995.

immer noch diskutiert, unter Theoretikern wie unter Praktikern. Im Folgenden machen wir verständlich, welche Veränderungen diese Konjunktur anbahnten, über Unternehmenskultur zu reden und sie in der praktischen Führungsarbeit für relevant zu halten.

Bleiben wir bei den Praktikern, den Führungskräften. Insbesondere im Zuge der (bis heute anhaltenden) Euphorie für Umstrukturierungen und Reorganisierungen hatten sich Führungskräfte einige Zeit auf die »harten Faktoren« konzentriert. Als diese gelten die »drei S«: Struktur, Strategie und Systeme. Es schien, als hätten sie sich die Devise auf die Fahne geschrieben: »Die Struktur bestimmt das Handeln.« Sie hingen der Überzeugung an, dass die Perfektionierung der formalen Vorgaben ausreichte, um die Mitarbeitenden dazu zu bewegen, im Sinne des Unternehmens zu agieren. Immer, wenn von »change management« und Veränderung die Rede war, lag die Betonung auf diesen drei S. Doch die Erwartung, die Menschen würden dann schon »funktionieren«, wurde enttäuscht.

Die drei » harten S«: Struktur, Strategie und Systeme

Zur Verwunderung der Reorganisierer sträubten sich die Betroffenen häufig, übten sich in stillem Boykott oder machten sich auf den Weg zur inneren Kündigung. Und Angst beherrschte die Atmosphäre. Führungskräfte gelangten zur Einsicht, dass es an etwas fehlte und entdeckten: Sich um strukturelle, strategische und organisatorische Fragen zu kümmern, war das eine. Das andere war, den Menschen, die innerhalb der formalen Markierungen arbeiten, ein vertrauenswürdiges und motivierendes Umfeld zu schaffen.

Eine weitere, von uns bereits in den vorherigen Kapiteln skizzierte Entwicklung begünstigte die Überlegungen, den so genannten »weichen Faktoren« mehr Aufmerksamkeit zu schenken (zu diesen siehe unten). Auch hier war es eher Leidensdruck, der belehrte – obgleich es sicher auch Führungskräfte gab, die durch Nachdenken bekehrt wurden. Diese Entwicklung betrifft das Auseinanderdriften von fachlicher Überlegenheit oder Expertenkompetenz auf der einen und Führungskompetenz auf der anderen Seite.

Führungskräfte konnten immer weniger die Rolle des besten Experten übernehmen, ihre Zuständigkeit und Verantwortung verlagerten sich auf Funktionen, die einen effektiven Ablauf und hohe Ergebnisqualität garantieren sollten. Um einige Beispiele zu nennen: Es wuchs ihre Verantwortung, das Leistungsportfolio ihrer Abteilung marktgerecht zu halten und alles zu tun, was diesem strategischen und langfristigen Ziel zu Gute kam. Diese Verpflichtung umfasste weit blickende Maßnahmen in der Personalentwicklung und forcierte die Marktbeobachtung. Beides gewann in dem Maß an Dringlichkeit, in dem die unternehmerisch nötigen Innovationen nur mit einer mittel- und langfristigen Qualifizierungsoffensive zu leisten war. Dazu gehörte auch, den Markt qualifizierter Bewerber im Blick zu haben. Ferner: Da zunehmend in Projekten gearbeitet wurde, mussten Führungskräfte sowohl zwischen Projekten als auch innerhalb von Projekten dafür sorgen, dass die Teilbeiträge zusammenpassten. Sie übernahmen also in verstärktem Umfang organisatorische und koordinatorische Aufgaben. Kurz und gut: Führungskräfte entfernten sich aus dem operativen Geschäft insofern, als sie von der Unternehmensleitung immer mehr zu strategisch relevanten Aufgaben herangezogen wurden. Da dies die Realität in den Unternehmen und die Rolle von Führungskräften nachhaltig beeinflusste, ist es nützlich, wenn wir uns wesentliche Einzelheiten dieser Veränderung noch einmal in Erinnerung rufen.

Leistungsportfolio, Marktbeobachtung, Projektmanagement wurden bedeutsam

Zeitgleich stiegen die Leistungsanforderungen, quantitativ wie qualitativ. Grundsätzlich betraf dies beide Seiten: führende wie nicht führende Mitarbeitende. Aus der Perspektive der fachlichen Ausbildung und Kapazität belastete die Entwicklung jedoch vor allem Spezialisten. Parallel zu Aktionen, die Anzahl der Mitarbeiter zu reduzieren, wurden »Job-Enlargement« und »Job-Enrichment« propagiert. Die Umsetzung dieser Konzepte der Arbeitsgestaltung mutete den Mitarbeitenden zu, höheren Einsatz zu bringen. In der Folge stieg ihre Qualifikation und damit die Abhängigkeit der Führungskräfte von ihren Experten.

Exkurs: Job-Enlargement und Job-Enrichment

Job-Enlargement wird als Arbeitserweiterung beschrieben. Der Mitarbeitende übt verschiedene Tätigkeiten im Rahmen seines Verantwortungsbereichs aus. Dieser ist üblicherweise in der Stellenbeschreibung formuliert. Der Kern der Aufgabenerweiterung besteht darin, dass der Umfang der Arbeit expandiert. Der Aktivitätsspielraum wird in der Horizontalen erweitert. In einer Projektarbeit heißt das beispielsweise: Die Projektleitung gibt administrative Aufgaben nicht mehr an eine Assistenz ab, sondern bearbeitet diese selbst. Oder: In einer öffentlichen Behörde sind die einzelnen Tätigkeiten für einen »Vorgang« nicht mehr auf mehrere Angestellte verteilt, sondern ein Angestellter kümmert sich um den Vorgang in Gänze.

Job-Enrichment wird als Aufgabenbereicherung verstanden. Hier erweitert sich der Raum der Zuständigkeit sowohl horizontal als auch vertikal. Elemente des Job-Enlargement werden um Kompetenzen, Entscheidungen zu treffen, bereichert. Besonders beliebt ist es, den Mitarbeitenden Kontrollkompetenzen zu verleihen. Wenn eine Führungskraft beispielsweise bestrebt ist, die Mitarbeitenden dahingehend zu fordern und fördern, dass sie selbstverantwortlich arbeiten, kann sie dies über Job-Enrichment erreichen. In diesem Fall überträgt sie ihnen die Verantwortung dafür, die eigene Arbeit zu planen und Qualitäts- sowie Ergebniskontrollen eigenständig durchzuführen.

Symbolisches Führen: die Hinwendung zu den so genannten »weichen Führungsfaktoren«

Des Weiteren erreichten technische und (natur-)wissenschaftliche Entwicklungen und Erkenntnisse ein Niveau, das von den Fachkräften zunehmende Spezialisierung und Qualifizierung verlangte. Die Globalisierung, die Entstehung des Weltmarktes, beschleunigte und forcierte internationale Verflechtungen der Unternehmen. Mitarbeiter aller Hierarchiestufen bekamen dies als Mehraufwand zu spüren. Und sei es, dass sie »nur« eine neue Sprache lernen mussten. Der Druck, qualitativ mehr zu bringen, verstärkte sich mit der weit verbreiteten Unternehmensstrategie, sich auf Kernkompetenzen zu konzentrieren und bisher selbst erbrachte Leistungen »out zu sourcen«. Beispielsweise entstanden neue Schnittstellen: Man musste sich mit Lieferanten stärker auseinander setzen, der Abstimmungsaufwand erhöhte sich. Neben sozialen Kompetenzen bildeten Mitarbeitende methodische Fertigkeiten aus und wurden in ihrer Position als Experten immer unentbehrlicher und schwieriger zu ersetzen.

In dieser turbulenten Zeit kam nun die Unternehmenskultur ins Spiel. Führungskräfte erkannten und erfuhren, dass mehr als nur Strategie, Systeme und Struktur dazu gehörten, die Motivation von Mitarbeitenden hoch zu halten, und diese dazu zu bringen, Spitzenleistungen unter verschärften Bedingungen zu verwirklichen. Außerdem standen Führungskräfte unter dem Druck, sich nicht mehr um jede Kleinigkeit im täglichen operativen Ablauf kümmern zu können. Sie waren auf eigenständig und selbstverantwortlich arbeitende, sich selbst organisierende Mitarbeitende angewiesen.

Die Motivation der Mitarbeiter hoch zu halten ist ein komplexes Unterfangen

Die Richtung, die das Nachdenken einschlug, wurde durch Diskussionen im Umkreis des systemischen Führens entscheidend beeinflusst. Das Denken und Handeln in Netzwerken, in Wechselwirkungen und in Begriffen der Ganzheitlichkeit sensibilisierte dafür, nach einer Kategorie Ausschau zu halten, die in der Lage war, alle Dimensionen eines Unternehmens zu verbinden. Die Suchbewegungen blieben zunächst an dem hängen, was wir oben die »weichen Faktoren« nannten. Den drei »harten S« wurden in einem ersten Schritt drei »weiche S« hinzugefügt, nämlich Stil, Spezialkenntnis oder Stärke und Stammpersonal. »Stil« bezieht sich auf den Umgang miteinander, also auf die sozialen Beziehungen, die Kultur der Interaktion, einschließlich der Führungsphilosophie. »Spezialkenntnis« oder »Stärke« betrifft die vorhandenen bzw. angestrebten Qualifikationen, und mit »Stammpersonal« wird betont, dass ein Unternehmen nur dann erfolgreich existieren kann, wenn es auf einen dauerhaften Kern an fähigen und loyalen Mitarbeitenden (und Führungskräften) zurückgreifen kann.

Die drei »weichen S«: Stil, Spezialkenntnisse (= Stärke) und Stammpersonal

Diese sechs S waren nicht neu. Das in ihnen verborgene Wissen lag längst offen zu Tage und wurde – mehr oder weniger – in den Firmen genutzt. Die Erfahrung zeigte, dass etwas fehlte. An was es mangelte, war eine alle sechs S verbindende Klammer. Etwas, das ein ganzheitliches Bild vom Unternehmen zeichnen konnte. Etwas, das die formalen sechs S inhaltlich füllte und ihnen Bedeutung gab. Etwas, dank dessen die sechs S gleichsam orchestral zusammenspielten. Die Suchenden fanden, was sie vermissten. Und das war der zweite Schritt. Zunächst schemenhaft, dann Konturen gewinnend hob sich das siebente S aus dem Nebel hervor: das Selbstverständnis des Unternehmens und damit der Begriff Unternehmenskultur. Diese Alliteration der sieben S gossen Thomas J. Peters und Robert H. Waterman mit Kollegen für McKinsey in eine Grafik (Peters/Waterman, 1984, S. 32), die Sie auf Seite 116 etwas abgewandelt vorfinden.

Das Selbstverständnis eines Unternehmens formuliert, wie es sich selbst betrachtet, ganz ähnlich dem Selbstbild, das jeder Mensch von sich hat. Es postuliert, welchen Normen und Werten es sich verpflichtet, welche Ziele und/oder Vision es verfolgt und wie es nach außen scheinen und dort wahrgenommen werden möchte. Firmen machten es sich ab den 80er-Jahren zu eigen, das Selbstverständnis, die Philosophie oder die Kultur des Unternehmens in Form eines Leitbildes zu formulieren.

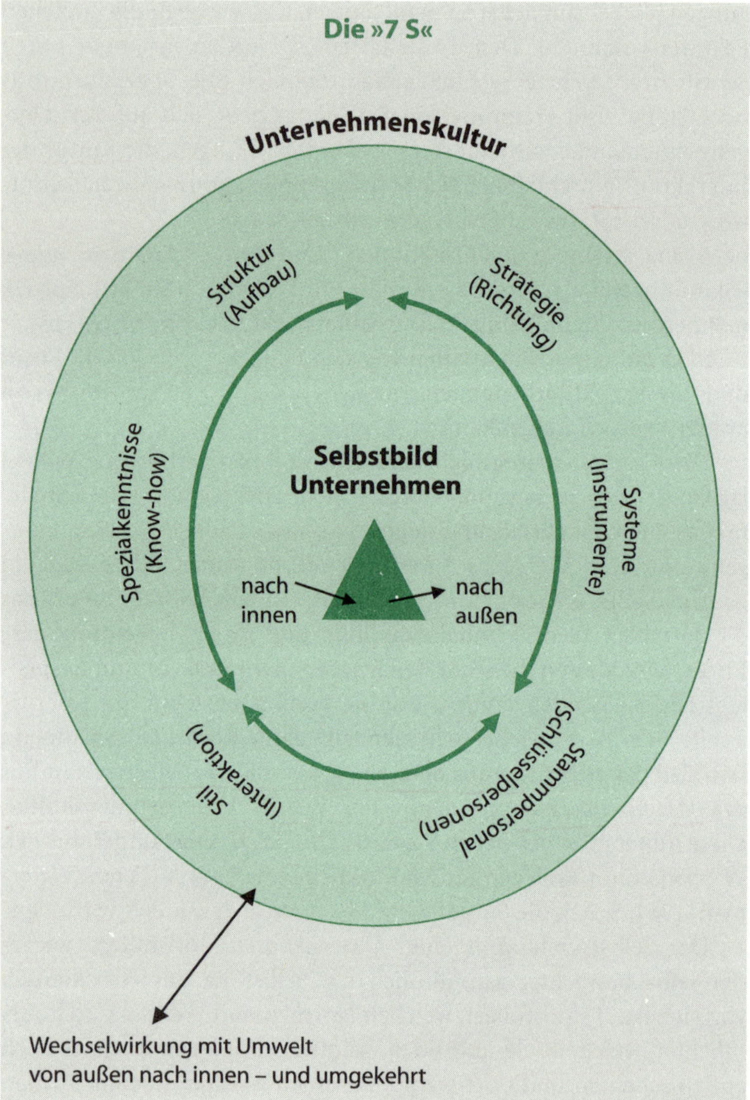
Die »7 S«
Unternehmenskultur
Struktur (Aufbau)
Strategie (Richtung)
Spezialkenntnisse (Know-how)
Selbstbild Unternehmen
Systeme (Instrumente)
nach innen
nach außen
Stil (Interaktion)
Stammpersonal (Schlüsselpersonen)
Wechselwirkung mit Umwelt
von außen nach innen – und umgekehrt

Kennzeichen und Bedeutung symbolischen Führens

Symbolisches Führen setzt genau hier an: an dem, wie das Unternehmen nach innen und außen sein und wirken will. Symbolisches Führen als gezieltes und kulturprägendes Tun braucht Symbole. Ein wesentliches Symbol ist das Leitbild des Unternehmens. Schauen wir uns deshalb genauer an, welche Funktionen es erfüllt und wie es das tut.

Exkurs: Leitbild eines Unternehmens

Das Leitbild eines Unternehmens erleichtert es, Bedingungen für den Unternehmenserfolg zu kommunizieren und unterstützt alle Mitglieder des Unternehmens, das Tagesgeschäft sowie Sonderprojekte mitdenkend und selbstständig zu bearbeiten. Denn: Alle wissen, wohin es gehen soll. Es skizziert das erwünschte, das angestrebte Selbstbild des Unternehmens nach außen:

- Wie wollen wir auf wen wirken?
- Welches Image wollen wir bei wem haben?
- Woran wollen wir erkannt werden?

Das Leitbild bietet Orientierung und Identifikation nach außen. Gleichzeitig zeigt es das gewünschte, das angestrebte Selbstbild des Unternehmens nach innen:

- Es beantwortet Fragen zur Corporate Identity.
- Es erleichtert das Tagesgeschäft, indem es:
  - Handlungsorientierung durch Ziele und Verhalten bietet,
  - eigenständige(re)s Arbeiten fördert,
  - unterschiedliche (Teil-, Etappen-)Ziele, Prioritäten, Abteilungslogiken/Kulturen koordiniert,
  - Zielorientierung transparent macht,
  - Identifikation mit dem Unternehmen anbietet.

Das Leitbild bietet einen normativen Kodex für fachliches, methodisches und soziales Verhalten. Es kodifiziert die offizielle Kultur.

- Das Leitbild eines Unternehmens erleichtert und unterstützt, indem es sowohl nach außen als auch nach innen dem menschlichen Bedürfnis nach *Aufklärung* (Mit wem habe ich es zu tun?) und *Orientierung* (Woran beteilige ich mich? Wohin geht die Reise?) entgegenkommt.
- Das Leitbild eines Unternehmens fungiert als Kommunikations-Medium. *Extern* in der Form von CI & CD (Corporate Identity und Corporate Design); *intern* als Verhaltenskodex. In beiden Fällen handelt es sich um normative Eckpfeiler für die Formulierung, Platzierung, Gewichtung und Koordination von Zielen, Aktivitäten, Strategien und Politiken.

Unternehmensleitbild: Funktion nach innen und außen

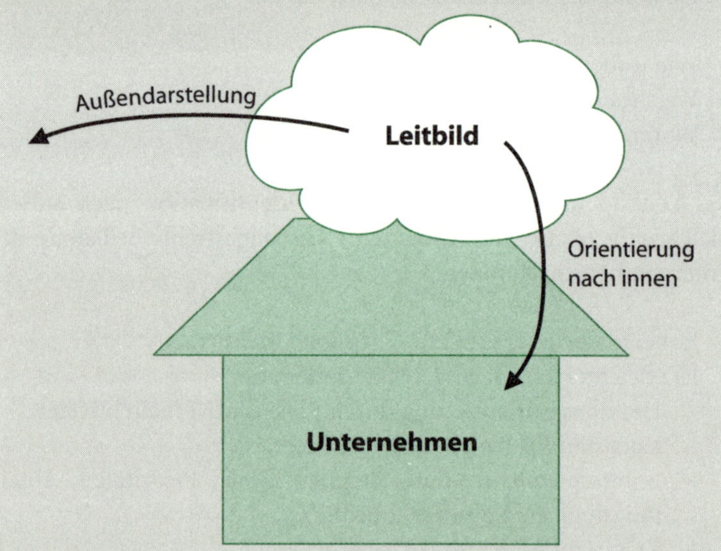

Das Leitbild eines Unternehmens können wir als ein facettenreiches Symbol betrachten. Im Alltag von Führen und Arbeiten dient es dazu, Handeln zu orientieren und zu kanalisieren. Dabei wirkt das Leitbild sozusagen als Dirigent des Orchesters Firma. Symbolisches Führen lehnt sich an die Botschaften des Leitbildes an. Bewusst inszeniert, trägt symbolisches Führen entscheidend dazu bei, die Umsetzung des Leitbildes und damit der anvisierten Kultur in einer Leadingfunktion mitzugestalten. Wer symbolisch führt, gestaltet Kultur. (Auch ohne Leitbild! Das erkennen Sie, wenn Sie weiterlesen.)

Das Leitbild eines Unternehmens dient bewusstem symbolischem Führen als roter Faden. Es definiert Eckpunkte von Gewünschtem und Gesolltem. Es erleichtert, symbolisch so zu führen, dass die angestrebte Kultur realisiert wird.

Inzwischen haben wir die Begriffe Symbol und Kultur so häufig benutzt, dass es ratsam ist, sie zu klären.

Noch einmal: Beim symbolischen Führen haben wir es nicht mit einem Führungsmodell zu tun, wie wir es bisher kennen gelernt haben. Denn in jeder Führungshandlung läuft das symbolische Wirken mit. Diese Dimension im Verhalten und in der Interaktion kann nicht ausgeschaltet werden. Sie ist permanent gegenwärtig.

Symbolisch führt eine Führungskraft immer, ob sie das möchte oder nicht. Sie kann ihrer symbolischen Wirkung nicht ausweichen. Und sie kann sich nicht aussuchen, ob sie symbolisch wirkt. Sie hat lediglich die Wahl, dies bewusst zu tun oder eben nicht.

Das ist allerdings sehr viel! Und genau aus diesem Grund, weil jede Führungskraft die Wahl hat, beschäftigen wir uns mit diesem Führungsverständnis. Will eine Managerin oder ein Manager intendiert symbolisch führen, dann sollte sie bzw. er sich den Prozess und die Logik, die das symbolische Wirken treibt, vor Augen führen. Wir beginnen mit der These, dass symbolisches Wirken für Führungskräfte unausweichlich ist.

Gewiss haben Sie schon einmal einen der meist zitierten Sätze von Paul Watzlawik gehört: »Wir können nicht nicht kommunizieren.« Unter welchen Bedingungen trifft dieser Satz zu?

Übung

Notieren Sie einige Gedanken: Welche Bedingungen müssen gegeben sein, damit folgende These stimmt: »Wir können nicht nicht kommunizieren« beziehungsweise: »Wir können (als Führungskräfte) nicht nicht führen«?

Wir kommunizieren immer, ob wir wollen oder nicht, sobald wir von anderen Menschen wahrgenommen werden oder diese von uns etwas erwarten. Denn sie achten auf das, was wir tun und unterlassen. Ganz entsprechend in der Führung: Eine Führungskraft kann nicht nicht (Mitarbeitende) führen – sobald sie von Mitarbeitenden wahrgenommen wird. Diese deuten das Verhalten der Führungskraft und tasten es auf die Frage ab, ob die Führungskraft »gut« oder »nicht gut« führt. Wann immer andere Menschen von uns Notiz nehmen, kommunizieren wir. Und analog: Wann immer Mitarbeitende die Führungskraft bemerken oder Erwartungen an sie richten, wird sie in ihrer Funktion als Führende(r) beurteilt. Ihr Verhalten hat nämlich (wie das jedes Menschen unter Menschen) Zeichencharakter. Sie setzt Zeichen, indem sie sich so verhält, wie sie sich verhält; indem sie beurteilt und wie sie es beurteilt. Und diese Zeichen werden von Mitarbeitenden (und natürlich anderen Personen im Umkreis) gedeutet. Die Zeichen werden zu bedeutungsvollen Aussagen: zu Botschaften. Diese wiederum dienen den Mitarbeitenden als Grundlage für ihr eigenes Tun und Lassen. Sie knüpfen an die Botschaften an, indem sie ihr Handeln so wählen, wie sie meinen, dass es gewünscht ist (oder eben genau das Gegenteil). In diesem Sinne enthält jede Botschaft eine Verweisung: Sie verweist darauf, was gelten soll und was nicht, was gewünscht ist und was nicht, was ge- und was verboten ist. Das Zeichen wird zu einem Symbol.

Die Führungskraft setzt Zeichen, wann immer sie sich irgendwie verhält. Diese werden gedeutet. Auf diese Weise werden Verhaltensweisen zu bedeutungsvollen Botschaften, die ihrerseits Verweisungs- und in diesem Sinne Aufforderungscharakter haben. Weiteres Verhalten wird daran orientiert.

Resümieren wir: Ein Verhalten wandelt sich zu einer Botschaft, indem es von anderen interpretiert wird. Die (von anderen gedeutete, also angenommene) Botschaft entpuppt sich als Sprungbrett für das Verhalten der Interpreten. Soweit – so gut. Nur, werden Sie fragen, was hat das mit symbolischem Führen zu tun? Nun, einen Teil der Antwort haben wir bereits geliefert: Erstens wirkt eine Führungskraft innerhalb ihrer Funktion immer auch auf der symbolischen Ebene. Zweitens ist Tun und Lassen, jedes Detail in der Art, wie die Führungskraft kommuniziert und interagiert, Gegenstand der Beobachtung und Deutung durch die Mitarbeitenden. Jedes Verhalten gerinnt zu einem »Zeichen« – zu einem Symbol! Ein Symbol ist also ein Zeichen, das für etwas anderes steht, als es selbst ist. Ihm ist ein Verweisungs- und Aufforderungscharakter zu eigen. Es motiviert bestimmtes weiteres Handeln.

Nehmen wir an, Sie wissen von sich, dass Sie Unmut vorzugsweise nonverbal ausdrücken. Etwa dadurch, indem Sie den Kopf etwas schief halten, den Partner schräg von unten anschauen und dabei leise und langsam, jedes Wort betonend, sprechen. Sie symbolisieren auf diese Art Unmut. Lernt der Partner, diese Symphonie von Zeichen so zu deuten, weiß er, dass Sie verärgert sind, sobald sie dieses Zusammenspiel mimischer, gestischer und modularer Signale senden. Das Zeichenbündel »steht für« etwas anderes, als es selbst ist! Es muss vom Partner erst übersetzt werden, damit er versteht, »was Sie damit sagen wollen«. Dies kennzeichnet beispielhaft den Verweisungscharakter von Symbolen und den nötigen Deutungsprozess.

Das Beispiel demonstriert ferner den Aufforderungscharakter, also die Funktion von Symbolen, bestimmtes Handeln zu motivieren. Angenommen, Sie gehören zu den reizbaren Naturen, die keinen Widerspruch dulden, dann liegt es nahe, dass Sie so Ihren Partner zum Schweigen veranlassen möchten. Für Sie ist die obige nonverbale Konfiguration eine Art Warnung bzw. Aufforderung zu schweigen. Ihre symbolische Kommunikation appelliert also an den Partner: Halte den Mund! Widerspreche zumindest nicht! Nun kann der Partner sich aussuchen, ob er diesem impliziten Appell gehorchen will oder nicht. Jedenfalls weiß er (durch Erfahrung), was Sie bevorzugen und kann sich danach richten. Insofern kanalisieren Symbole Verhaltensweisen, schränken Optionen ein und gebieten gewünschte Reaktionen.

Ein Symbol ist ein Kulturelement. Ein Symbol verweist und steht für etwas, das es selbst nicht ist. Es trägt Botschaften in sich, die uns mitteilen, welche Werte wir handelnd verfolgen und in welche Richtung wir gehen sollen.

Wir haben bisher von Symbolen gesprochen, die durch die Wirkung von Verhalten generiert werden. Es gibt aber auch andere.

Übung

Notieren Sie, welche Symbole Ihnen spontan einfallen. Sie können differenzieren: Symbole in Ihrem privaten Bereich; Symbole in der Gesellschaft und Symbole in Ihrer Firma.

Vielleicht haben Sie in der Kategorie »Firmensymbole« folgende gefunden:

- Wenn bei uns ein Chef seine Macht demonstrieren will, kann er das, indem er sein Büro exklusiv einrichtet.
- Wenn ein Außendienstmitarbeiter als »Spitzenmann« tituliert werden will, muss er selbst bei Glatteis und Eisregen Termine wahrnehmen.
- Wenn eine Führungskraft demonstrieren will, dass ihr das Team wichtig ist, muss sie die Teammitglieder einmal im Monat zu einem Event einladen.
- Je höher die Etage ist, in der das eigene Büro liegt, desto wichtiger ist man.
- Am Dienstwagen kann man ablesen, welcher Hierarchieebene jemand zugehört.
- Wer einen externen Coach engagieren darf, gilt als besonders wertvoll fürs Unternehmen.

- Schon die Eingangshalle zeigt, für wen wir uns halten: für die Größten.
- Die dekorativen Bilder in den Gängen profilieren das Unternehmen als großzügigen Sponsor zeitgenössischer Maler.
- Wenn der Geschäftsführer kommt, müssen alle Herren einen Anzug und die Frauen ein Kostüm tragen (als Zeichen des Respekts).
- Boni oder Prämien werden bei uns ausschließlich dann ausgezahlt, wenn das Ergebnis stimmt. Egal, wie sehr man sich eingesetzt und abgemüht hat. Allein das Ergebnis zählt, der Prozess und die Umstände interessieren nicht.

Diese Aufzählung soll Ihnen einen Eindruck davon vermitteln, wie subtil Symbole gesetzt werden und wirken. Symbole wirken wie die Macht des Faktischen, obwohl sie nur indirekt zu uns sprechen. Sie sind äußerst suggestiv. Oder haben Sie schon einmal einen wichtigen Kunden im Clownkostüm begrüßt, weil Sie gerade so lustig waren oder alles urkomisch fanden?

Symbole kanalisieren Verhalten. Sie wirken suggestiv und machen bestimmtes Verhalten wahrscheinlicher als anderes. Insofern fungieren sie als Kommunikations- und Differenzmedien, die Verhalten steuern.

Das Fazit aus den Ausführungen lautet: Symbolisch zu führen meint hier, Symbole als Lenkgrößen zu institutionalisieren, um Verhaltensmöglichkeiten nach zwei Seiten zu kanalisieren: gezielt einzuschränken bzw. gezielt zu erweitern. Intendiert symbolisch zu führen, erfordert mithin, aus dem Repertoire von Handlungen, Verfahren und Verhaltensweisen jene auszusuchen, die symbolkräftig sind und gewünschtes Verhalten initiieren (wahrscheinlich machen). Führungskräfte können Verhalten wahrscheinlich machen, indem sie Symbole bewusst einsetzen.

Inzwischen wissen Sie, welche Bedeutung und Funktion Symbole in der Führungspraxis haben. Sie haben außerdem erkannt, dass jedes Symbol in einen speziellen kulturellen Kontext eingebettet ist. Anders gesagt: Um Symbole verstehen, also so deuten zu können, wie sie gemeint sind, benötigen Sie Kenntnisse der Kultur. Sie ist der »Geist«, in dessen Sinne wir Zeichen interpretieren.

Die jeweilige Unternehmenskultur definiert die Sinn- und Bedeutungsfolien der Symbole. Sie sagt uns, wie wir Begriffe, Redensarten, Handlungen und Verhalten interpretieren sollen. Und die Kultur bietet neben den Symbolen weitere Kulturelemente oder Instrumentarien, um bewusst symbolisch führen zu können.

Jede Kultur, auch die von Unternehmen, ist vielfältig. Sie verdankt ihre Prägung allen Werten und Normen, Denk-, Fühl-, Rede- und Verhaltensweisen sowie immateriellen und materiellen Hervorbringungen der Beteiligten. Die Unternehmenskultur gleicht einem Sammelsurium oder Puzzle an folgenden Kulturelementen:

- Sprachliche Äußerungen (Redewendungen, Geschichten, Anekdoten, Witze, Graffiti, Jargons, Slogans etc.),
- Verhaltensweisen, Handlungen, Interaktionen (Gewohnheiten oder Routinen, Traditionen, Rituale und Bräuche, Taktiken, Politiken etc.),
- Artefakte, Kulturgüter, Produkte (Gebäude, Infrastruktur, Kunstobjekte, Statussymbole etc.).

Die Kultur eines Unternehmens umfasst sämtliche Werte und Normen, Denk-, Fühl-, Verhaltensweisen und Handlungen sowie deren Folgen. Sie prägt das Tun der Einzelnen sowie deren Umgang miteinander. Sie profiliert das Unternehmen nach innen und nach außen.

Ein Unternehmen funktioniert wie eine Gesellschaft: Jedes Mitglied wird in das Geltende hineingeboren oder hineinversetzt. Es übernimmt Werte, Normen und andere kulturellen Gegebenheiten. Gleichzeitig beeinflusst es die Kultur, indem es selbst aktiv wird. Es verinnerlicht und veräußerlicht. Es wird geprägt und prägt selbst. Die Kultur des Unternehmens ist tradiert und wird von den Mitgliedern verinnerlicht. Gleichzeitig gestalten die Mitglieder die Unternehmenskultur durch ihr Handeln. Von dieser Erkenntnis profitiert die Idee des symbolischen Führens: Unternehmenskultur lebt. Sie ist veränderbar und gestaltbar. Und in der Tat beschäftigt sich das symbolische Führen ja mit der Frage: Was können Führungskräfte tun, um die gewünschte Unternehmenskultur maßgeblich mit zu gestalten?

Diese »Kulturarbeit« zu leisten, ist äußerst schwierig. Ein komplizierendes Moment liegt darin, dass die Kulturelemente ihre Wirkung in unterschiedlichen mentalen und praktischen Zuständen entfalten. Die Regeln können nämlich bewusst und/oder beabsichtigt sowie nicht bewusst und/oder nicht beabsichtigt sein. Das Gleiche gilt für die Auswirkungen: Zur Kultur gehören sämtliche Folgen von Handlungen, egal ob diese gewollt sind oder nicht, bemerkt werden oder nicht. Häufig wird diese Polydimensionalität in der Form eines Eisbergs dargestellt.

Unternehmenskultur als Eisberg

zum Beispiel:
Organigramm, Stellenbeschreibungen, Formalien/Regularien, Personalhandbuch, Projektmanagementregeln, Anreiz-/Gehaltssysteme

Manifest: für alle erkennbar, explizit, gewollt, bewusst
Latent implizit, erspürbar, vermutbar, nicht bewusst, ungewollt und trotzdem wirksam in der Verhaltensbestimmung

Dimensionen der Unternehmenskultur

Wir wissen und tun (Kennen des Offiziellen und Einhaltung)	Wir wissen und tun anders (Kennen des Offiziellen und Abweichung)
Wir wissen nicht und tun einfach (Unkennnis des Offiziellen und eigenwilliges Handeln)	Wir wissen nicht und tun nicht (Unkennnis des Offiziellen und Untätigkeit)

Für das symbolische Führen folgt daraus: Führungskräfte, die Kultur gestalten wollen, sollten wissen, dass es diese Unterschiede gibt. Sie sollten vor allem mitbedenken, dass es »ungeschriebene, aber wirkende« Normen und Regeln gibt. Denn sie sind die effektiven! An sie gilt es, anzuknüpfen.

Wenn symbolisches Führen bewusst Kultur gestalten und Verhalten steuern will, muss es bei den praktisch effektiven Gepflogenheiten ansetzen. Es sollte neben den bekannten und befolgten insbesondere die »ungeschriebenen, aber wirksamen« Normen und Regeln im Visier haben.

Wir wollen in unserem Überblick auf dem Pfad des Pragmatischen bleiben. Deshalb beschränken wir uns auf nur noch zwei Unterscheidungen. Wir heben allgemeine und spezifische Kulturelemente im Unternehmen hervor und wenden uns dann noch einmal dem Spannungsfeld von »ungeschrieben, aber wirksam« zu.

Zu den allgemeinen Konventionen zählen alle Übereinkünfte: Vorschriften, Verfahrensweisen, Rituale, Formulare und andere Managementinstrumente. Sie bestimmen, was der Fall sein soll und erzeugen Routinen, also Verhaltens- und Ablaufmuster. Ihnen ist gemeinsam, dass sie die Zusammenarbeit regulieren. Ihr Nutzen liegt darin, dass wir uns nicht bei jeder Handlung neu überlegen müssen, ob und wie wir sie ausführen sollen. Sie entlasten das unmittelbare Führen dadurch, dass sie das Handeln vieler Personen aufeinander abstimmen und die Führungskraft nicht jedes Mal eingreifen muss. Kurz: Konventionen sind die Lenkgrößen und diese lenken das Verhalten aller Firmenmitglieder personunabhängig.

Konventionen entlasten die Führungsarbeit, indem sie allgemein gelten und generell markieren, welche Verhaltensnormen existieren.

Zu den spezifischen Kulturelementen gehören unter den offiziellen Regelungen insbesondere:

- Gehaltssysteme,
- Prämien-, Boni-Regelungen,
- Kriterien für die Anstellung neuer Mitarbeiter und Mitarbeiterinnen mit und ohne Führungsaufgabe,
- Verfahrensregeln bei Einstellungen, Umbesetzungen, Kündigungen,
- Personalentwicklungs-Konzepte (Aus-, Fort-, Weiterbildung),
- Interessenvertretungen,
- Beförderungsrichtlinien,
- Organigramm,
- Stellenbeschreibungen,
- Arbeitszeiten.

All diese und weitere Standardisierungen nehmen den Führungskräften und Mitarbeitenden ab, sich andauernd neu auf Bestimmungen und Abläufe einigen zu müssen. Standards erleichtern durch ihre verbreitete Gültigkeit die Zusammenarbeit. Und sie teilen mit, was gewünscht ist und was nicht.

Beispiele: Ein Konzept der Gehaltsstruktur sorgt dafür, dass Führungskräfte nicht für jeden Mitarbeiter jedes Jahr neu überlegen müssen, wie sie das Gehalt festlegen. Oder: Eine unternehmensweite Regelung der Arbeitszeiten entlastet die Führungskraft davon, mit jedem Mitarbeiter individuell aushandeln zu müssen, wann er im Büro anwesend zu sein hat.

Nun noch einmal zu der oben genannten Kluft: In Ihrem Arbeitsumfeld haben Sie gewiss erlebt, dass das, was geschrieben steht oder offiziell gilt, nicht eingehalten wird. Eine häufige Klage gilt beispielsweise der Abweichung von formell geltenden Beförderungsrichtlinien: »Auf dem Papier steht zwar, dass allein die Leistung zählt, aber in Wirklichkeit entscheiden Sympathien oder die Dauer der Zughörigkeit zum Unternehmen oder ob jemand Familie hat oder andere unsachliche Kriterien!« Solche und ähnliche Abweichungen signalisieren einen wichtigen Tatbestand: Es gibt einerseits das, was offiziell gilt und getan werden soll, und andererseits das, was inoffiziell gilt und faktisch getan wird. Diese Kluft zwischen Formellem und Informellem ist ebenfalls ein Kulturelement. Dabei offenbart die Empirie eindrücklich, dass im Zweifel die informellen Gewohnheiten das Verhalten prägen.

Es gibt eine Kluft zwischen formellen und informellen Normen und Konventionen. Informelle Richtlinien prägen das Verhalten stärker als die formellen. Das faktische Handeln gehorcht den informellen Regeln und Gewohnheiten.

Nehmen wir folgendes Szenario an: Sie sind in einem Unternehmen tätig, das als Matrix organisiert ist. Allerdings wird vorwiegend in Projekten gearbeitet. Da die Projektarbeit die treibende innovative Kraft ist, hat die Geschäftsführung offiziell verlautbaren lassen: »Projektarbeit genießt Vorrang vor Aufgaben in der Linie.« Ihre tägliche Erfahrung sieht jedoch anders aus. Als Leiter diverser Projekte müssen Sie immer wieder hart kämpfen, um Linienvorgesetzten Experten abzuringen, die sie für das jeweilige Projekt dringend benötigen. Wenn Sie den Mut aufgebracht haben, sich bei der Geschäftsführung über diesen Missstand zu beschweren, hörten Sie jedes Mal das gleiche Lied: »Tja, das ist Ihre Aufgabe. Setzen Sie sich durch. Selbstverständlich müssen die Aufgaben in den Abteilungen auch erledigt werden.« – Und damit liegt der Ball wieder in Ihren Händen. Mit anderen Worten: Trotz der offiziellen Regel »Projekt vor Abteilung« sind Sie gezwungen, sich jedes Mal wieder ins Zeug zu legen und all Ihre Überzeugungs- und Überredungskünste aufzubringen, um die richtigen Experten ins Boot holen zu können. Die formelle Devise gilt also »nicht wirklich«. Die informelle Praxis ist es, die das Verhalten steuert!

Beziehen wir diese Aspekte auf die Frage nach dem symbolischen Führen, können wir eine oben formulierte Erkenntnis besser nachvollziehen und betonen:

Symbolisches Führen bewegt sich im Spannungsfeld zwischen formell Gewünschtem und informell Geltendem, zwischen Soll und Ist, zwischen Wunsch und Tat. Soll symbolische Führung gezielt wirken, muss es an dem ansetzen, was praktisch gilt und getan wird und dies auf das beziehen, was praktisch gewünscht ist.

Und was die Führungskraft, die zielorientiert symbolisch führen möchte, konkret tun kann, klären wir im nächsten Abschnitt.

Konkrete Maßnahmen symbolischen Führens

Sie lesen dieses Buch, um sich zu orientieren und einen Überblick zu erhalten. Und Sie lesen dieses Kapitel, um Anregungen für Ihren alltäglichen Arbeitskontext zu erhalten. Wir können davon ausgehen, dass Sie nicht eigens als »Kulturmanagerin« oder »Kulturmanager« angestellt sind, also allein dafür zuständig, die Kulturentwicklung des Unternehmens zu lenken. Folglich sprechen wir hier nicht darüber, durch welche Aktivitäten Sie die Kultur der gesamten Firma prägen. Wir sind bescheidener und beschränken uns darauf, Ideen zu skizzieren, wie Sie Ihr Umfeld durch bewusstes symbolisches Führen prägen können. Bei diesem Umfeld handelt es sich normalerweise um die Abteilung, die Sie leiten bzw. in Zukunft leiten werden. Die beispielhaften Maßnahmen können Sie außerdem verwenden, wenn Sie die Projektleitung im Rahmen eines Projektes innehaben, das für mehrere Monate bzw. Jahre konzipiert ist.

Und noch eine Vorbemerkung: Die Etappen und Maßnahmen, die wir diskutieren, schildern wir nicht in einer Reihenfolge, die Sie in chronologischer und sequenzieller Hinsicht einhalten müssen. Zeitpunkte und Schrittfolgen von Aktivitäten wählen Sie je nach Situation. Zudem steht es Ihnen offen, unterschiedliche Initiativen parallel zu schalten. Bedenken Sie, was wir zu systemischen Wirkmechanismen und zur Logik der Zirkularität und Vernetzung erläutert haben: Jede Intervention löst an verschiedenen Stellen im System Wirkungen aus! Es gilt, die Wahrscheinlichkeit zu erhöhen, dass jene Folgen, die Sie wünschen, eintreten.

Am Beginn Ihrer Ambition steht eine Entscheidung: Sie möchten bewusst symbolisch führen. Warum eigentlich?

Übung

Notieren Sie Stichworte, die begründen, warum es Ihnen ein Anliegen ist, bewusst symbolisch zu führen. Folgende Fragen mögen Ihnen helfen: Was beabsichtigen Sie damit? Worauf kommt es Ihnen an? Worin bestehen Ihre Ziele bzw. besteht Ihre Vision?

Aus meiner Erfahrung als Trainerin, Beraterin und Coach gehe ich davon aus, dass Sie in etwa folgende Begründungen formulieren:

- Ich möchte von meinen Mitarbeitern in meiner Funktion als Führungskraft ernst genommen und respektiert werden.
- Ich wünsche mir, dass mir meine Leute vertrauen.
- Ich möchte mich vorbildlich verhalten.
- Mein Führungsziel ist, dass ich selbstständig arbeitende, hoch motivierte Mitarbeiter habe, auf die ich mich verlassen kann.
- Ich wünsche mir in meiner Abteilung einen echten Teamgeist, der für gute Zusammenarbeit und ein gutes Klima sorgt.
- In meinem Team soll offen und ehrlich kommuniziert werden. Dazu zählt auch eine konstruktive Streitkultur.
- Ich möchte, dass wir als Team im Unternehmen gut angesehen sind und sowohl hinsichtlich unserer Leistungen als auch bezüglich der Art, wie wir miteinander umgehen, geschätzt werden.
- Ich möchte dazu beitragen, das Unternehmen weiterzubringen.

Übung

Begründen Sie, warum Sie bewusst symbolisch führen möchten.

Lassen wir es dabei bewenden und widmen uns einer weiteren Frage. Nehmen wir also an, Sie haben die Vorstellung konkretisiert, aus welchen Gründen und mit welchen Zielen Sie bemüht sein wollen, bewusst symbolisch zu führen. Die nächste Stufe führt notwendigerweise zu den Aktivitäten. Überlegen Sie bitte, worin Ihr erster Schritt besteht. Diese Reflexion verstärkt den Nutzen, den Sie von den weiteren Überlegungen haben. Er bereitet Sie mental vor und ermöglicht es Ihnen, die beispielhaften Maßnahmen im Spiegel Ihrer Ziele zu betrachten.

Übung

Womit beginnen Sie? Worin besteht Ihr erster Schritt, um Ihre Vorstellung, gezielt symbolisch zu wirken, zu realisieren?

Sie starten Ihr Vorhaben seriös, wenn Sie sich vorbereiten! Zwei grundlegende Fragen haben Sie bereits reflektiert. Als nächster Schritt empfiehlt sich zu überlegen, welcher Führungsstil Sie besonders anspricht bzw. welches Modell Ihnen als Grundlage für Ihre praktische Führungsarbeit dienen soll. Gehen Sie dabei sorgfältig vor, denn Ihre Wahl sollte zu Ihnen passen.

Übung

Überlegen Sie, welches Führungsmodell Sie anspricht, nach welcher Philosophie Sie Ihr Führungshandeln ausrichten wollen.

Jetzt werfen Sie einen kritischen und analytischen Blick auf das Unternehmen, in dem Sie beschäftigt sind. Vergegenwärtigen Sie sich, wie Sie die Kultur wahrnehmen:

- Gibt es Inselkulturen, also Abteilungskulturen, die sich voneinander abheben?
- Gibt es eine Führungsphilosophie oder Führungsleitlinien? Wenn ja: welche?
- Gibt es ein Leitbild? Welche Normen und Werte, Vision und Strategie formuliert es? Worüber sagt es sonst noch etwas aus?
- Können Sie die kulturelle Ausrichtung mittragen? Stehen Sie dazu?

Sie können sich die wesentlichen unternehmenskulturellen Komponenten aufschreiben. Prüfen Sie jeweils, ob Sie diese Normen und Praktiken akzeptieren können und ob Sie sie für erstrebenswert halten.

Nach diesem weitschweifenden Rundblick richten Sie Ihren Blick nun auf Ihre Abteilung oder Ihr Projekt. Verzichten Sie dabei darauf, Aspekte, die Sie für »ungut« halten, begründen, rechtfertigen oder entschuldigen zu wollen, dass Sie beschreiben, was Ihrer Auffassung nach der Fall ist. Konzentrieren Sie sich auf sicht- und hörbare Kulturerscheinungen. Dazu gehören, wie Sie inzwischen wissen, sowohl Routinen in Abläufen als auch in der Kommunikation.

Übung

Identifizieren Sie die kulturellen Merkmale in Ihrer Abteilung oder in Ihrem Projekt. Beschreiben Sie, was Sie wahrnehmen.

Verharren Sie dabei, die Kultur in Ihrer Abteilung zu betrachten. Vertiefen Sie sich in sie. Schauen Sie die kulturellen Phänomene an, die Sie im vorigen Schritt gefunden haben. Bewerten Sie sie. Leitende Fragen sind:

- Was gefällt mir, was nicht? und warum?
- Was halte ich für erhaltenswert, was nicht? und warum?
- Was kollidiert mit meiner Auffassung einer guten Führung, eines guten Teams – und was stützt sie?
- Was steht im Einklang mit der Kultur und Philosophie des Unternehmens und was nicht?
- Was möchte ich ändern – und warum?

Übung

Bewerten Sie, was Sie an kulturellen Erscheinungen erkannt haben. Beziehen Sie Ihre Wertungen auf Ihre persönlichen Kulturvorstellungen sowie auf die Unternehmenskultur.

In diesem Schritt spitzen Sie Ihre Betrachtung noch einmal zu. Ihr Blickwinkel verengt sich. In seinem Zentrum erscheinen Sie und Ihre Mitarbeitenden. Jetzt ist Selbstkritik gefragt! Achten Sie darauf, dass Sie nicht schummeln! Beispielsweise, indem Sie ein veränderungswürdiges Verhalten in eine »charmante Macke« verzaubern und deshalb alles beim Alten bleibt. Starten Sie Ihre Befragung bei erfreulichen und aufbauenden Gesichtspunkten. Etwa:

- Was läuft bei uns prima?
- Was trägt dazu bei, dass XY hervorragend ist? Welche Abläufe? Welche Rituale? Welche Regeln?
- Welche (impliziten und expliziten) Normen unterliegen diesen Positiva? Wodurch sind sie gesteuert?
- Wer trägt dazu bei, dass XY super funktioniert? Welche Motive und Verhaltensweisen bewerkstelligen vermutlich die konstruktiven Beiträge?
- Worin genau liegt mein Beitrag? Welches Verhalten zeige ich? Welche Beweggründe treiben mich?
- Inwiefern nützt es, wenn wir die Sachen, die gut laufen, beibehalten? Aus meiner Sicht? Aus der Sicht des Teams? Aus der Sicht des Unternehmens?

Die gleichen Fragen richten Sie nun an die Dinge, die Sie für verbesserungswürdig halten. Also:

- Was läuft bei uns holprig oder katastrophal?
- Was trägt dazu bei, dass XY nicht funktioniert? Welche Abläufe? Welche Rituale? Welche Regeln?
- Welche (impliziten und expliziten) Normen unterliegen diesen Negativa? Wodurch sind sie gesteuert?
- Wer trägt dazu bei, dass XY kaum bis gar nicht funktioniert? Welche Motive und Verhaltensweisen bewirken wahrscheinlich die kontraproduktiven oder gar destruktiven Beiträge?
- Worin genau liegt mein Beitrag? Welches Verhalten zeige ich? Welche Beweggründe treiben mich?

- Inwiefern nützt es, wenn wir die Sachen, die schlecht laufen, verändern? Aus meiner Sicht? Aus der Sicht des Teams? Aus der Sicht des Unternehmens?

Übung

Analysieren Sie, was, warum in Ihrem Umkreis a) hervorragend und b) miserabel läuft. Heben Sie ausdrücklich Ihren eigenen Beitrag hervor.

Weder die reflektierenden noch die analytischen Schritte müssen Sie übrigens allein im stillen Kämmerlein gehen. Sie können jederzeit Vertraute oder gar Ihr gesamtes Team mitmarschieren lassen. Für die nächste Etappe benötigen Sie Ihre Crew allerdings auf jeden Fall. Denn jetzt sollten Sie identifizieren, was Sie selbst und was das Team ändern möchte – und warum und wie.

Die Antwort auf die erste Frage, nämlich was Sie ändern sollten, können Sie auf zwei Weisen erhalten. Modus eins: Sie denken allein über sich nach. Beziehen Sie dabei alle bisherigen Überlegungen, Ihre Ambitionen und Motivation ein. Legen Sie Ihre Präferenzen fest. Legen Sie vor sich selbst bei jeder Entscheidung Rechenschaft darüber ab, aus welchen Gründen Sie sie treffen, mit welchem Ziel und in welchem Zusammenhang die Präferenz mit der Teamkultur steht. Stellen auch den Bezug zur Unternehmenskultur her. (Das gilt übrigens für alles Folgende.) Fragen Sie sich:

- Was will ich aus welchen Gründen an meinem Verhalten ändern?
- Welche Veränderungen strebe ich in den Abläufen und anderen Aspekten im Team an? Und warum?

Modus zwei: Sie fordern Ihre Mitarbeitenden auf, Ihnen Feedback zu geben. Diese Feedback-Runde bedingt allerdings, dass Sie Ihr Team vorher darüber aufgeklärt haben, wie Sie führen möchten und welche Kultur Sie anstreben. (Siehe die ersten beiden vorbereitenden Überlegungen in diesem Unterkapitel!) Sie formulieren Ihre Ansprüche und Ziele oder Vision und fragen:

- Wo seid ihr der Meinung, dass ich meinen Ansprüchen genüge leiste?
- Wo nicht?
- Womit seid ihr zufrieden?
- Womit nicht?
- Was sollte ich eures Erachtens aus welchen Gründen verändern?
- Was müsste ich dann konkret tun?

Ebenfalls in der Teamrunde sollten Sie klären, wo Ihre Mitarbeitenden die Prioritäten für Verbesserungen setzen. Am Schluss der Klärung sollten konkrete Vereinbarungen innerhalb eines Aktionsplans getroffen werden: Was tut wer, bis wann, mit Hilfe von wem mit welchem Ziel? Definieren Sie auch, wie und von wem die Fortschritte kontrolliert werden!

Übung

Setzen Sie Schwerpunkte. Legen Sie fest, was Sie an Ihrem Verhalten verändern möchten und warum. Klären Sie mit Ihrem Team dieselben Fragen. Definieren Sie mit Ihren Mitarbeitenden, was, warum, mit welchem Ziel, in welcher Präferenz zu verändern ist. Schließen Sie die Erörterung mit konkreten Transfermaßnahmen ab.

Im Verlauf dieses gesamten Prozesses tun Sie bereits das, was Sie zu tun vorhaben: Zeichen setzen, die zeigen, was Sie für erstrebenswert halten und was nicht. Sie leben vor, wirken als Vorbild – und führen insofern bewusst über Symbole.

Wenn Sie sich entschließen, bewusst symbolisch zu führen ...

... dann stellen Sie an sich selbst hohe Anforderungen. Denn Sie haben sich entschlossen, gezielt die Kultur des Unternehmens bzw. Ihrer Abteilung oder Ihres Teams zu gestalten, zu pflegen, zu erneuern, kurz: zu prägen. Lassen Sie uns drei Anforderungen in den Vordergrund stellen, die Sie in der Funktion als Führungskraft herausstellen:

Die erste Anforderung, mit der Sie konfrontiert werden, betrifft Ihre Selbstwahrnehmung. Eine kritische Selbstbetrachtung ist unverzichtbar, damit Sie wissen, was Sie warum tun und unterlassen – und was Sie warum ändern möchten.

Laufend oder in regelmäßigen Intervallen sollten Sie neben sich stehen und Fragen aufwerfen wie beispielsweise:

- Welche normativen Grundsätze leiten mich in meiner Führungsarbeit?
- Wo und in welchen Zusammenhängen verhalte ich mich gemäß meiner Überzeugungen?
- Habe ich meine Einstellungen mit meinen Mitarbeitenden besprochen und verständlich machen können?
- Wie sprechen meine Mitarbeitenden auf diese Normen und Handlungen an?
- Wo und in welchen Situationen ertappe ich mich dabei, dass ich meinen Überzeugungen zuwider handle?
- Wo stimmen meine Normen und Handlungen mit denen des Unternehmens überein? Und wo nicht?
- Wenn es Abweichungen gibt: Betreffen sie essenzielle Aspekte oder Marginalien? Wie gehe ich mit Unstimmigkeiten um?
- Erreiche ich durch die Art, wie ich führe, das, was ich mir vorgenommen habe?

Wir haben bereits darauf hingewiesen, dass Sie einen Teil dieser Fragen zusätzlich zur Selbstreflexion mit Ihren Mitarbeitenden erarbeiten können. Besonders hilfreich ist es, ein Fremdbild einzuholen. Denn erfahrungsgemäß sind wir in der Selbstkritik eher geneigt, äußerst nachsichtig zu sein. Die Wahrnehmung und Meinung Ihrer Mitarbeitenden kann Ihnen demgegenüber als Korrektiv oder Quelle der Inspiration dienen. Bitten Sie Ihre Mitarbeitenden darum, Ihnen Feedback zu geben. Dabei sollten Sie die Fragerichtungen vorgeben, die den roten Faden markieren. Auf diese Weise gewährleisten Sie, verwertbare Ergebnisse zu erhalten.

Diese Anforderung kreist um Ihre Abhängigkeit vom Team. In allem, was Sie tun, benötigen Sie die Zuarbeit, die Einsatzbereitschaft und den guten Willen Ihrer Mitarbeitenden oder Teammitglieder. Ihre eigenen Vorstellungen, Initiativen und Aktivitäten können Sie in fruchtbare Erde pflanzen, wenn Sie Ihre Mitarbeiter partizipieren lassen. Nutzen Sie die Kreativität und Kompetenz Ihrer Crew, um Qualität auf allen Ebenen zu steigern und eine Kultur zu leben, die alle mittragen und gestalten. Nutzen Sie eine weitere Erkenntnis, die die Empirie der Führungs- und Teamarbeit hervorgebracht hat: Etwas, das gemeinsam beschlossen ist, hat eine größere Chance, realisiert zu werden als Tätigkeiten, die im Alleingang geplant werden. Verhalten Sie sich so, wie Sie es von Ihren Mitarbeitenden oder Teammitgliedern erwarten: als Teamplayer. Indem Sie das Team miteinbeziehen, ermöglichen Sie die Erfahrung, dass alle in einem Boot sitzen. Auf dieser Grundlage kann sich ein »Wir-Gefühl« entfalten.

Messen Sie dem Team einen hohen Stellenwert bei. Im Konsens mit Ihren Mitarbeitenden oder Teammitgliedern können Sie nachhaltig Kultur gestalten.

Als weitere Anforderung sei betont, dass Sie sich zutrauen sollten, »kultursensibel« zu sein. Damit sprechen wir Ihre Antennen für kulturelle Phänomene an, wie wir sie beschrieben haben. Zum Beispiel:

- Haben Sie ein »Ohr« für Redewendungen, Witze, Parodien und Ähnliches.
- Sehen Sie Rituale und andere routinierte Verhaltensweisen, inklusive »Spielchen«.
- Spüren Sie atmosphärische Lagen und Veränderungen in der Zusammenarbeit.

Kurzum: Seien Sie aufmerksam für alles, das die Kultur prägt. Tasten Sie das, was Sie hören, sehen, spüren sowie das, was Sie selbst tun und wie Sie es tun darauf ab, inwiefern es gewünschte Spuren hinterlässt oder eben nicht. Und initiieren Sie Veränderungen im Einklang mit den Schlüsselpersonen.

Die Führungskraft als Chamäleon?

Ein Chamäleon ist ein Tier, das über den Vorzug verfügt, seine äußere Erscheinung der Situation (genau genommen: seiner »Einschätzung« der Situation) anzupassen. Wenn wir darüber sprechen, dass eine Führungskraft dann kompetent handelt, wenn sie ihren Führungsstil den Mitarbeitenden und weiteren situativen Komponenten anpasst, dann ja: dann ist die Führungskraft ein Chamäleon.

Flexibilität ist keinesfalls identisch mit Willkür oder Launenhaftigkeit. Sie ist begründet und zielbezogen – und damit erwartbar und glaubwürdig.

Mit diesem Wechsel im Stil des Handelns öffnen wir allerdings nicht der Willkür Tür und Tor. Im Gegenteil: Veränderungen im Stil des Führens unterliegen einer Zielorientierung. Die Führungskraft weiß, warum sie Mitarbeiterin X so und Mitarbeiter Y anders führt. Und sie weiß, warum sie Mitarbeiterin X im Zusammenhang Z so und im Zusammenhang H anders führen muss.

Nur unter dieser Bedingung: dass Sie wissen, warum Sie wen wie führen, können Sie glaubwürdig sein.

Häufig empfinden Menschen als weitere Bedingung für Glaubwürdigkeit das, was sie Authentizität nennen. Dieser Anspruch unterwirft jede Handlung der Frage: »Passt das zu mir? Wirkt das überzeugend? Bin das ich?« Nun, ganz pragmatisch formuliert: Wenn Sie das Gefühl haben, Sie müssten sich selbst überwältigen, um eine gewünschte Verhaltensweise zu praktizieren, suchen Sie nach einer anderen, mit der Sie Ihr Ziel ebenfalls oder »fast« erreichen können. Empfinden Sie es hingegen nur als »schwierig«, ein gewünschtes Verhalten zeigen zu lernen, dann unterwerfen Sie sich der Anstrengung. Bedenken Sie: Kein Mensch fällt »fertig« vom Himmel. Wir müssen alles erlernen: Einstellungen und Überzeugungen genau so wie Handlungen und Verhalten! Unsere Authentizität fällt auch darunter: Wir erwerben sie infolge unzähliger Lernerfahrungen!

Um glaubwürdig zu sein, müssen Sie wissen, was Sie warum und wie tun. Unterstützend wirkt, wenn Sie Ihre Ansprüche an authentisches Verhalten kennen und in die Veränderungszumutungen, die Sie sich selbst auferlegen, einbinden.

Nehmen wir an, Sie gehören dem Typus »extravertierte« Person an. Unter vielen anderen Eigenheiten fällt an Ihnen auf, dass Sie gern viel und lebhaft erzählen. Das wissen Sie von sich auch selbst. Nun verfolgen Sie in Ihrer Führungsverantwortung das Ziel, die Kreativität Ihrer Mitarbeitenden voll zu nutzen. Als einen Weg dorthin versprechen Sie sich viel davon, wenn Sie sich in Meetings verbal zurückhalten und die Mitarbeitenden zu Wort kommen lassen. Sie spielen das innerlich durch – und schon bei dieser imaginativen Reise spüren Sie: »Oha, das wird schwierig!« Und die Empirie belehrt Sie aufs Direkteste: Trotz allen guten Vorsatzes unterbrechen Sie die Redenden, preschen mit eigenen Ideen als erste vor, schneiden anderen das Wort ab, führen deren Gedanken zu Ende und Ähnliches. – Sie versuchen es sogar mit einem ritualisierten Korrektiv: Sie weihen Ihre Leute in Ihr Vorhaben ein und bitten eine Mitarbeiterin, Ihnen sofort eine rote Karte zu zeigen, sobald Sie Ihrem Vorsatz untreu werden. Nur: Vor lauter Rote-Karte-hoch-halten kommt die Mitarbeiterin nicht dazu, mit zu diskutieren. – Kurzum: Sie haben die Grenze Ihrer Leistbarkeit erreicht. Zurückhaltung klammern Sie aus dem Repertoire Ihres persönlichen Spektrums aus.

Im zweiten Anlauf probieren Sie es mit einem funktionalen Äquivalent, das Sie Ihrem Ziel nahe bringt. Beispielsweise durch eine Änderung im Verfahren: Wenn es darum geht, neue Ideen zu generieren, sitzen in der ersten Phase die Mitarbeitenden ohne Sie zusammen und protokollieren ihre Inputs. In der zweiten Phase kommen Sie hinzu und präsentieren, was Ihnen eingefallen ist. In dieser Phase kann es auch eine Art zweites Brainstorming geben, das zusätzliche Synergien eröffnet. Die Gefahr, dass die Kreativität Ihrer Mitarbeitenden zu wenig zum Zuge kommt, ist durch die erste Phase gebannt. Die Basis der Einfälle ist gelegt, sodass jetzt die Möglichkeit besteht, mit Ihnen weitere hervorzubringen.

Um Glaubwürdigkeit herzustellen, verfügen Sie über zwei Möglichkeiten:

Sie können darauf vertrauen, dass Ihre Mitarbeitenden das Muster oder die Logik Ihres Führungshandelns, insbesondere Ihrer Stiländerungen, mit der Zeit durchschauen. In diesem Fall hoffen Sie, dass Ihre Mitarbeitenden Ihr Handeln »richtig« interpretieren. Das Risiko »falscher« Deutungen verringern Sie, wenn Sie Ihren Mitarbeitenden die Philosophie, auf deren Grundlage Sie führen möchten, erläutern.

Die Saat, als Führungskraft glaubwürdig zu wirken, legen Sie, indem Sie mitteilen, worauf Ihre Überzeugungen »guter Führung« beruhen. Inwiefern Sie authentisch wirken, erfahren Sie, indem Sie Ihre Mitarbeitenden um Feedback bitten.

Die zweite Möglichkeit, glaubwürdig zu wirken, ist: Legen Sie Ihren Mitarbeitenden offen, was Sie unter »guter Mitarbeiterführung« verstehen, wie Sie Ihre Rolle dabei begreifen und nach welcher Devise Sie handeln möchten. Um zu erfahren, ob Ihnen Ihr Handeln als »authentisch« abgenommen wird, holen Sie Feedback ein.

Um zu veranschaulichen, wie das Prozedere aussehen kann, greifen wir das Eingangsbeispiel in diesem Buch auf (s. S. 7).

Übung

Lesen Sie den »episodischen Blick auf das Thema« (s. S. 7 f.) noch einmal und beantworten Sie folgende Fragen:

Welchen Beitrag leistet der Chef zur Irritation der Mitarbeitenden?

Was irritiert und verärgert Martin und Kilian?

Was sollte der Vorgesetzte tun, um die Verwirrung und Verärgerung von Martin und Kilian aufzufangen?

Offensichtlich erzeugt der Vorgesetzte Irritation und Verärgerung dadurch, dass er es bisher versäumt hat, in nachvollziehbarer Weise darzulegen, welche Überzeugungen seine Führungspraxis leiten.

Eine Konsequenz dieses Defizits hören wir von Martin und Kilian: Sie fühlen sich »ungerecht« behandelt bzw. unfähig, das Verhalten des Chefs sowohl zu verstehen (nachzuvollziehen) als auch zu kalkulieren, also vorher zu sehen. Beiden – und vielleicht auch Stefanie und Marion – ist unklar, nach welchen Prinzipien der Chef agiert. Sie stellen lediglich fest, dass es Unterschiede gibt und benennen diese. Der Kern der Differenz liegt in den Kontrollintervallen sowie in der Kontrollart: Bei Martin zieht der Chef die Feedback-Schleifen offenkundig in engen Abschnitten und übt Prozesskontrolle aus; bei Kilian scheint er die Zeiträume sowie die Art zu variieren: mal Prozess-, mal Ergebniskontrolle. Bei Marion führt er in sehr weiten Abständen und scheint sich auf Ergebniskontrolle zu beschränken, und für Stefanie erfahren wir es nicht.

Die Lösung des Problems ist einfach: Der Chef sollte zunächst seine Führungsphilosophie erläutern. In diesem Kontext kann er sein praktisches Führungshandeln in ein »Credo« oder Motto gießen und erklären, was dies in der Praxis bedeutet. Als Resultat – und das ist kontrollierbar! – verschwinden Irritationen und Verärgerung. Stattdessen ist ein »Aha«, »Ach so – ja« zu hören, als Ausdruck davon, dass die Mitarbeitenden nachvollziehen können, warum der Chef wen, wie, wann führt.

Bei Ihren Bemühungen, Ihren Stil in der Mitarbeiterführung zu finden, wünsche ich Ihnen Mut, Ausdauer, Fantasie und Freude!

Literaturverzeichnis

Dr. Wieselhuber & Partner: Handbuch Lernende Organisation. Unternehmens- und Mitarbeiterpotentiale erfolgreich erschließen. Gabler, Wiesbaden 1997.

Drucker Foundation: Die Manager von morgen. Was in Zukunft wirklich zählt. Econ, Düsseldorf 1996.

Gomez, P./Probst, G.J.B.: Vernetztes Denken im Management. In: Die Orientierung Nr. 98. Bern 1987.

Klimecki, R. G./Remer, A. (Hrsg.): Personal als Strategie. Mit flexiblen und lernbereiten Human-Ressourcen Kernkompetenzen aufbauen. Luchterhand, Neuwied/Kriftel/Berlin 1997.

Knyphausen, D.: Selbstorganisation und Führung. Systemtheoretische Beiträge zu einer evolutionären Führungskonzeption. In: Die Unternehmung, Jg. 45, 1991, Nr. 1, 47–63.

Königswieser, R./Lutz, C. (Hrsg.): Das systemisch evolutionäre Management. Der neue Horizont für Unternehmer. Wien 1990.

Löhr, A./Steinmann, H. (Hrsg.): Unternehmensethik. C.E. Poeschel, Stuttgart 1989.

Mahlmann, R.: Selbsttraining für Führungskräfte. Ein Leitfaden zur Analyse der eigenen Führungspersönlichkeit und eine Anleitung zum »persönlichen Change Management«. Beltz, Weinheim und Basel [2]2001.

Mahlmann, R.: Erfolgreich als Führungskraft. Eigene Stärken erkennen, entwickeln und nutzen. Beltz, Weinheim und Basel 2000.

Mahlmann, R.: Konflikte managen. Psychologische Grundlagen, Modelle und Fallstudien. Beltz, Weinheim und Basel [5]2001.

Malik, F.: Strategie des Managements komplexer Systeme. Ein Beitrag zur Management-Kybernetik evolutionärer Systeme. Haupt, Bern und Stuttgart 1989.

Neuberger, O.: Führung und geführt werden. Ferdinand Enke, Stuttgart [5]1995.

Neuberger, O./Kompa, A.: Wir, die Firma. Der Kult um die Unternehmenskultur. Beltz, Weinheim und Basel 1987.

Peters, T.J./Waterman, R. H.: Auf der Suche nach Spitzenleistungen. Was man von den bestgeführten US-Unternehmen lernen kann. Moderne Industrie, Landsberg a. Lech [9]1984.

Rosenstiel, L. von: Grundlagen der Organisationspsychologie. Schäffer-Pöschel, Stuttgart [3]1992.

Schein, E.: Unternehmenskultur. Ein Handbuch für Führungskräfte. Campus, Frankfurt/New York 1995.

Servatius, H.-G.: Vom Strategischen Management zur Evolutionären Führung. Auf dem Weg zu einem ganzheitlichen Denken und Handeln. Schäffer-Pöschel, Bern 1991.

Thönneßen, J.: Macher oder Team-Manager. Mitarbeiterführung in der Praxis. Campus, Frankfurt/New York 1996.

Bildnachweis

S. 3, 14, 52, 62	Björn Holm / Baaske Cartoons
S. 17, 111	Reinhard Alff / Baaske Cartoons
S. 34	Erik Liebermann / Baaske Cartoons
S. 47	Erhard Dietl / Baaske Cartoons
S. 56, 143	Oswald Huber / Baaske Cartoons
S. 92	PIEM / Baaske Cartoons
S. 97	hennes / Baaske Cartoons
S. 36, 73, 127	Ulrike Rath, Aachen
Logos	Bernhard Zerwann, Bad Dürkheim

Erfolgreich Meetings durchführen

Martin Hartmann,
Rainer Röpnack,
Hans-Werner Baumann
Immer diese Meetings!
Besprechungen, Arbeitstreffen, Telefon- und Videokonferenzen souverän leiten.
BELTZ on top. 2002.
198 Seiten. Broschur.
ISBN 3-407-36100-9

Wirklich erfolgreich sind Besprechungen, Meetings und Arbeitstreffen stets dann, wenn gute Ergebnisse erzielt werden, die Zusammenarbeit klappt und die Teilnehmer mit dem Gefühl aus dem Raum gehen, das die Zeit für das Treffen gut investiert waren. Damit Ihre Sitzungen in Zukunft nicht nur erfolgreich sind, sondern zudem auch noch Spaß machen, sollten Sie dieses Buches lesen. Die Autoren zeigen, wie Sie jede Art von Besprechung so vorbereiten und durchführen, dass Sie sowohl mit den Ergebnissen als auch mit den Arbeitsprozessen zufrieden sein können: Dazu gehören beispielsweise die systematische Vorbereitung, die effektive Gesprächsleitung während der Sitzung, die vielfältigen Möglichkeiten, mit »unangenehmen Zeitgenossen« umzugehen, aber auch die Besonderheiten von Telefon- bzw. Videokonferenzen.

Infos und Ladenpreis:
www.beltz.de

BELTZ

F0107

Beltz Verlag · Postfach 100154 · 69441 Weinheim

Machen Sie mehr aus Ihrer Stimme

Sabine F. Gutzeit
Die Stimme wirkungsvoll einsetzen
Das Stimm-Potenzial erfolgreich nutzen.
Mit Audio-CD.
BELTZ on top. 2002.
128 Seiten. Broschur.
ISBN 3-407-36108-4

Kommunizieren, präsentieren, telefonieren – wer den richtigen Ton trifft, kommt gut an. Im Beruf wird eine gute Kommunikationsfähigkeit immer mehr zum Erfolgsfaktor. Doch was nützen die besten Argumente, wenn die Stimme als Träger der Worte nicht stimmt. Plagt auch Sie häufig der berühmte Frosch im Hals? Merkt man an Ihrer Stimmlage, dass Sie Lampenfieber haben? Wollen Sie Ihre Vortragstechnik optimieren? Dann liegen Sie mit diesem Buch richtig!
Sabine F. Gutzeit zeigt, was hinter dem Phänomen Stimme steckt. Sie erfahren, wie Sie ökonomisch mit der eigenen Stimme umgehen können. Die konkrete Anwendung im Gespräch, bei Vorträgen oder am Telefon sowie Themen wie Umgang mit Stress, der »Notfallkoffer« für die Stimme sowie die Stimme in Training und Therapie sind ebenso integriert. Übungen finden Sie auch auf der Übungs-CD.

Infos und Ladenpreis:
www.beltz.de

BELTZ

F0108

Beltz Verlag · Postfach 100154 · 69441 Weinheim

Überzeugen und begeistern

Peter Kürsteiner
Reden, vortragen, begeistern
Vorträge und Reden effektiv vorbereiten und erfolgreich präsentieren.
BELTZ on top. 2002.
183 Seiten. Broschur.
ISBN 3-407-36105-X

»Peter Kürsteiner ist selbst Trainer und hat hier ein sehr empfehlenswertes Werk für alle möglichen Rede- oder Vortragssituationen erarbeitet. (...) Jede Zeile in diesem Buch hat einen echten Praxisbezug. Neben den Texten und Übungen werden auch noch Checklisten, Kopiervorlagen, kleine Selbsttests u.ä. geboten. Als Extra-Bonbon finden sich am Ende noch eine Reihe von Zitaten.«
www.zeitzuleben.de

»Wer so spricht, dass er gut verstanden wird, spricht immer gut.« (Molière) Das bedeutet: Wer sein Wissen ansprechend in Worte verpacken kann, wird seine Ziele schneller erreichen und seine Zuhörerschaft leichter mit sich reißen.
In dem Buch von Peter Kürsteiner finden Sie viele Tipps und Übungen, die Sie direkt in die Praxis umsetzen können.

Infos und Ladenpreis:
www.beltz.de

BELTZ

F0106

Beltz Verlag · Postfach 100154 · 69441 Weinheim